운명을 바꾼
사람들

제2권

일러두기

- 안심정사 법우님들의 기도 체험 후기집입니다.
- 약간의 윤문과 교정을 통해 읽기 편하도록 하였습니다.
- 후기 원본은 안심카페에서 제목이나 **글번호**로 찾을 수 있습니다.
- 안심카페(cafe.daum.net/ansim24)에서 생생한 체험담을 확인하세요.

이 도서의 국립중앙도서관 출판예정도서목록(CIP)은 서지정보유통지원시스템 홈페이지(http://seoji.nl.go.kr)와 국가자료종합목록시스템(http://www.nl.go.kr/kolisnet)에서 이용하실 수 있습니다. (CIP제어번호 : CIP2019010973)

운명을 바꾼 사람들

제2권

석법안 스님 엮음

도서출판 안심

책을 펴내면서…

운명의 주인공은 자기 자신입니다.
때문에 스스로가 바뀌어야 운명도 바뀌겠지요.

살면서 누구나 고통과 마주하게 됩니다.
몸과 마음이 무너질 듯한 극단의 순간들이 바로 부처님을 찾게 되는 운명의 시간이라고 생각하고 기도하십시오.

간절한 기도의 가피는 그 끝이 없습니다.
걱정 말고 소원을 기도하면 응답은 예외 없이 노크할 것입니다.
간혹 늦게 올뿐, 꼭 필요한 시점이 오면 부처님은 반드시 미소 짓고 기다리십니다.

2003년 여름 개설한 안심정사 카페. 벌써 1만 2천여 회원으로 늘어나, 인연이 닿은 모든 불자들의 소통공간이 되었습니다.
부처님 말씀이 불교방송(BTN)을 통해 전해지고, 어느 날 무심

코 돌린 채널에서 그 말씀을 들은 불자들이 마침내 안심정사를 찾기까지 남다른 인연들을 올려놓은 곳이지요.
거기서 추린 절절한 기도체험기들이 드디어 5년 만에 [운명을 바꾼 사람들] 제2권/ 제3권으로 정리되었습니다.

책의 생명력은 널리 읽혀지는 데 있습니다.
이 작은 책이 바통을 이어받아 달리듯이 다른 초심불자들의 손으로 다시 건네질 때 비로소 더 큰 생명력을 갖게 됩니다.

오늘도 누군가는, 목숨보다 애절하게 갈구하는 소원을 들고 피눈물 흘릴지 모릅니다. 아파보지 않은 이들이 어찌 미몽을 헤매는 참담한 고통을 알겠습니까?

한 권의 책이 한 사람의 인생을 바꾼 사례는 참으로 많습니다. 주위를 둘러보고 그동안 잊고 지냈던 이웃들이 떠오르면 찾아가 말해 보세요. "내가 기도로 운명이 바뀐 사람이다!" 라고…

불기 2563년(서기 2019년) 3.30일
안심정사 창원도량 개원 즈음.
智觀堂에서 법안 삼가씀

목차

책을 펴내면서⋯ — 04

제1장 **믿고 기도하라**

아이들이 달라졌어요~! — 12
안심정사 가는 길 — 18
든든한 보험, 새벽기도 — 28
저도 이제 불자랍니다 — 35
특별하게 찾아오신 지장보살님 — 39
부처님이 곧 로또 Buddha Bless — 45
초보 불자의 회향기 — 48
지장 기도의 위력 — 54
지장경 법보시를 33분께 하고 — 57
칭찬으로 하루 시작 — 61
정말 잘돼, 정말 잘돼! — 64

제2장 **기도와 갈등**

기도	- 68
두 번째 회초리	- 72
불행 끝! 다시 시작	- 76
세 번째 49독 회향	- 81
정말 멋진 불교	- 83
처음으로 철야기도	- 86
바뀐 운명을 바꿀 수 있나?	- 92
아빠~! 죄송합니다	- 97
다음 생生도 지금의 남편과	- 100
소원표 7번을 이룬 날	- 104
안심정사 중양절 합동천도 불공	- 108
계룡산 산신기도 중…	- 113
산신기도 가피와 약사불공	- 116
합동천도재 시간에 동생 꿈을	- 119

목차

제3장 **참회**

운명이 바뀌려나 봅니다 — 126

이때까지 잘못 살았구나 — 130

법안스님 친견과 〈쇼생크 탈출〉 — 134

영화 〈미션〉과 참회, 그리고… — 139

최선을 다 하지 않은 업보 — 143

시어머니께 감사드림 — 146

선입견이란… — 149

제4장 치유

지장경은 희망과 구원의 노래	- 154
우리 어머니	- 165
법안 스님과 안심정사와의 인연	- 167
인시기도로 악연의 고통을 끊고	- 176
지장보살 염불과 어머님	- 179
양 손목과 두 발목에 럭키체인 두 개씩	- 183
큰스님 친견 다음날	- 186
법안 큰스님 기도축원	- 190
부처님 손바닥 안	- 193
약사불공 산신집중기도 가피	- 197
내가 있잖아, 빨리 끝내자!	- 201
남편 지장보살님께 감사	- 204
불보살님 가피로 얻은 새 삶	- 207
드디어 컴백 홈~	- 211
선암사와 지장경	- 214
지장경 천 독千讀 그 이후…1년	- 219

법안 스님께서 〈걱정 말고 기도하라〉란 책에서
확신을 가지고 하신 말씀.
서문 일부를 그대로 옮겨봅니다.

"그렇게 열심히 기도했는데도 좋은 변화가 일어나지 않더란 말씀입니까? 그럴 리가 결코 없습니다. 이건 분명 기도를 제대로 하지 않았기 때문에 벌어진 일입니다. 얼른 집에 가셔서 일러드린 사항을 다시 하나하나 재점검하시고… 그러면 반드시 다 이루어집니다."

제1장

믿고 기도하라

- 아이들이 달라졌어요~!
- 안심정사 가는 길
- 든든한 보험, 새벽기도
- 저도 이제 불자랍니다
- 특별하게 찾아오신 지장보살님
- 부처님이 곧 로또 Buddha Bless
- 초보 불자의 회향기
- 지장 기도의 위력
- 지장경 법보시를 33분께 하고
- 칭찬으로 하루 시작
- 정말 잘돼, 정말 잘돼

2018.03.23 / 1440

아이들이
달라졌어요~!

딸아이 이야기

도리천궁신통품.

도리천에서 신통을 보이시다.

이와 같이 나는 들었다.

지장경 제1품의 시작입니다.

그리고 어제 딸 유성이와 나란히 앉아 함께 읽어간 처음 1품이기도 합니다.

작년 6월부터 인시 지장기도 시작하고 제 스스로 변화를 느끼고 나서부터는 고3 되는 유성이에게 공부보다 먼저 원했던 게 지장경 읽어주면 하는 바람이었습니다.

하지만 딸아이는 제가 듣는 법문소리도 싫어했고, 책에 '정말 잘돼' 스티커를 붙여주는 것도 질색했습니다. 때문에 지장경의 '지'자도 꺼내기 어려웠죠. 그런데 작년 겨울부터 서서히 변하기 시작했습니다. 우선 차안에서 법문을 틀면 끄라고 하더니 이젠 같이 듣고 이거 지난번에 들은 건데? 라고 기억까지 해줍니다. 신통하게도…

그리고 '정말 잘돼' 스티커를 붙이게 해줍니다. ^^
책 앞표지에, 그리고 책상과 방문 앞에도. 독서실에서 집에 가려고 가방을 싸려다가 책에 붙인 '정말 잘돼' 스티커를 보면 싸려던 가방 내려놓고 30분 더 공부하고 집에 오게 된답니다. 딸이 정말 잘 돼가고 있는 것 같아 신나더라구요.

이젠 때가 됐나보다 해서 지장경을 읽어보자 하면,
칼로 무 자르듯이 그건 아냐~ 안 해! 하던 아이가…
2018년 봄 되고 새순 돋는 것과 맞춰서 딸아이 마음에도 불심의 순이 돋는 것 같아요.

"수능 합격자 발표 전까지 만이라도 지장경 한 품씩만 읽자"
조심스럽게 말을 꺼내보니,
"한 품이 뭐야?" 라고 관심을 가지더라구요.

머리 속에 희망의 빛이 한줄기 내리는 순간이었죠.

그리고 마침내 하루에 한 품씩 저와 같이 읽기로 약속했습니다. 순간 너무 기뻐서 정말 부처님은 원하는 것을 가장 좋은 시기에 이뤄주시는 구나. 감사한 마음이 넘쳤습니다. 이제 원하는 대학 합격하는 일만 남았습니다~!!^^

아들 이야기

아들은 올 1월에 전역해서 휴학 중이고 내년 3월 복학 예정입니다. 나름 속을 많이 썩이는 편이죠.ㅎㅎ

고등학교 진학 전 희망 고등학교를 적어낼 때도 우리 부부는 남고만 3군데를 적었으나, 본인이 남녀공학을 가고 싶어 1지망을 우리 몰래 남녀공학으로 바꿔서 결국 남녀공학에 간 아이입니다.

왜 남녀공학 가고 싶었니? 묻자 여친을 사귀고 싶어서요~ 라고 당당히 말하고 고1학년 때부터 졸업할 때까지 여자 친구를 사귀었습니다. 그리고 2학년이 되어 문과 이과 나눌 때도 본인은 문과체질이라더니, 한 달만에 이과체질이란 것을 알았다며 이과로 바꿔달라고 부탁했지요. 애 아빠가 담임 선생님. 주임선

생임. 교감선생님. 심지어 교장선생님까지 만나 뵈며 어렵게 바꿔놨더니, 역시나 이과는 어렵다고… 속이 만두 속 터지듯 터진 적이 한두 번이 아닙니다.

결국 대학가서도 한 학기 겨우 다니더니, 2학기는 오늘은 체육대회다. 어제는 휴강이다. 내일은 공강이다. 핑계대며 하도 학교를 안 가서 과사무실에 전화로 출석을 확인하니 학교에 쭉~~안가고 있더라구요. 어찌나 기가 막히던지ㅠㅠ 이유는 과가 안 맞는 답니다.

이런 저런 속 썩임 중에 제가 가장 참기 어려운 것은 하루도 집에 있지 않고 친구들과 어울리는 것이었어요. 아침에 나가든. 점심에 나가든. 저녁에 나가든 집에 들어오는 시간은 담날 아침 7시…

처음엔 아이랑 연락까지 안 돼서 경찰에 신고한 적도 있었고. 너무 하다싶어 현관문 비밀번호를 바꿔도. 매일 혼내도.
"그렇게 네 맘대로 살려면 독립해서 혼자 살아라" 협박해도 소용 없더라구요.
"군대 갈 때까지만 늦게 들어올게요." 해서 믿어줬더니 군대 가서 휴가 나올 때마다 담날 아침 7시. 그래 휴가니까 봐주자.

전역하고 나니. 21개월 못 만난 친구들 좀 만나야한다면서 담날 7시.

결국 2월엔 제 소원표에 "우리 아들 경석이가 엄마 아빠가 걱정하는 것을 생각해서 늦어도 새벽 3시 전에는 집에 꼭 들어오게 해 주세요" 라고 적었습니다. 어차피 제가 3시에 기도준비를 하니 그 시간에 아이가 들어와 있는 것을 확인하면 마음이 편할 것 같았죠.

아이에게도 "네가 너무 늦게 들어오면 엄마가 걱정되니 늦어도 새벽3시 전에는 집에 들어오면 좋겠다" 이야기 했습니다. 다른 때 같으면 통금을 정하는 엄마가 이상하다고 뭐라 했을 텐데 노력해보겠다고 하더라구요. 그러더니 마술 같은 일이 일어났습니다. 이후 꼬박꼬박 3시 전에 들어오고. 혹 3시보다 늦게 되면 무슨 이유로 얼마 늦으니 걱정하지 마세요. 약속 못 지켜 죄송해요. 라고 문자까지 보내 줍니다.
이게 바로 천국이구나. 천국이 따로 있나 싶더라구요.
더더욱 놀라운 일은 얼마 전부턴 12시전에 집에 들어오고 밤늦게 가던 운동을 아침 8시에 일어나 갑니다. 이게 기적이 아니고 뭘까요??
지장경을 읽기로 한 딸아이가 오빠에게 같이 읽자고 하자 읽는답니다. 읽는답니다!!

비록 오늘은 마음의 준비가 안 돼서 내일 부터 읽기로 했지만 마음을 내준 것만으로도 너무 감사하고 기쁩니다.
이제 저희 가정은 행복만 시작~시작입니다~!!

지장보살님 감사드립니다.
저희 가족과 좋은 인연 맺어준 법안 큰스님 감사드립니다.
그리고 의지가 되어준 많은 법우님들 감사드립니다.

2017.10.09. / 1320

안심정사
가는 길

♪"인연 따라 우리 모였네…♪

언제 부터였던가 우리 만나자고…♪"

안심정사 사가를 부르며
'그래, 정말 오래 걸렸구나'하는 생각에 눈물이 핑 돌았습니다.

방황과 안착

밝히기는 좀 부끄럽기도 하지만, 혹시 여러 법우님들께서 저처럼 가장 중요한 기회를 놓치는 불행은 없어야겠다는 생각에 안심정사를 만나기까지 희한한 과정을 용기 내 올려 봅니다.

예전부터 주위 분들은 저를 열심히 절에 잘 다니는 신심 깊은 불자라고 했으나, 사실은 옳은 기도 한번 해보지 못한 '겉만 불자'였습니다.

불교청년회와 학생회를 후원하며 전국의 큰 선방에 대중공양팀을 만들어 열성적으로 활동하고, 법회 때면 집집마다 돌며 초발심 도반들을 태우고 합천/ 양산/ 밀양/ 남해/ 경주 등 공양간 근처까지 차가 진입할 수 있는 특권까지 누렸지요. 성철 큰스님께 삼천배도 올렸지만 자만심만 꽉차있었지 막상 내 자신에게 큰일이 닥쳤을 때는 그냥 막막히 주저앉아 있던 한심한 불자에 불과했습니다.

25년여 전, 입춘기도 회향 하고 돌아가는 국도변에서 이틀에 걸쳐 두 번이나 개를 피하지 못한 채 치고 지나갔던 불길한 사건 이후 꾸었던 생생한 꿈… 그건 저의 집을 감싸는 해일이 일고 엄청난 오물과 황톳물이 집을 덮치며 휩쓸고 가는 꿈이었습니다. 그 무렵부터 온갖 시기와 모함과 배반, 그럴싸한 제안을 하는 사람들의 접근과 집 처사의 건강문제 등등이 겹쳤습니다.

만약 그때 법안스님께서 아셨더라면… "절대 꿈에 집착 하지 말라"고 하셨을까? 아니면 그 크나 큰 회오리를 일상적인 기도만으로 감당하라고 하셨을까요? '내 업장이니 받아야지 어쩌겠어?' 남 앞에서는 의연한척 지냈지만 저는 내심 원망과 자책감으로 오랜 세월 혼자서 가슴앓이하며 괴로워했습니다. 낮에는 미라레빠의 십만송을 읽고 밤엔 mp3로 들으며, '차라리 죽든 살든 티베트 오지로 들어가 이런 수행이나 하며 업장을 벗어볼까?' 이런 궁리 속에 날들을 보냈지요.

그동안 동참만 했지 시청을 별로 해보지 않았던 불교방송에도 관심을 가지게 되고, TV대신 일 하면서 들을 수 있는 라디오를 듣기 시작했습니다. 매일 잠들기 전까지 BBS의 '라디오 성지 순례'를 들으면서 서서히 마음이 움직였지요. 그래, 떠나보자! 내가 가졌던 모든 것을 잃었다 하더라도 다시 부처님의 미소를 마음으로 느껴보자.

지난 초겨울 9번째 보로부드로 순례를 시작으로 1월 초순에 그동안 적립된 마일리지로 부부가 함께 10일간의 미얀마 성지순례를 다녀왔습니다. 떠나기 전 간절한 마음으로, "부처님! 저는 어찌하면 될까요? 그냥 자다가 죽었으면 좋겠습니다. 부처님! 제발 저 좀 데려가 주세요. 그렇지 않으면 제가 숨이라도 좀 쉬게 해 주시던지요."

나라 교토 성지 순례　　　　2017.10.11./ 1321

딸과 사위가 저의 칠순 기념여행을 챙기면서 여러 생각을 많이 고려하였다고 합니다. 특히 BBS 라디오 성지 순례 '일본 편'을 매일 들으며 자는 모습을 보고 부녀가 먼저 의논을 했는가 봅니다. 엄마가 안 가 본 곳, 관심이 있는 곳, 식구랑 모두 같이 갈수 있는 곳을 선택하여 3월 10일부터 10일간 나라와 교토 등 일본 성지 순례를 가게 되었습니다. 도쿄에서 신칸센을 타고 나라에 도착하여 동대사에 참배하고 사슴들에게 먹이를 주는 것으로 첫날이 시작되었습니다.

마침 건너편의 나라 국립박물관에서 '백제 불상 특별전'을 관람하는 행운을 얻었습니다. 170~180cm 정도 키의 '아미타여래불 입상' 앞에 서는 순간 '엄마!' 하는 탄성이 저절로 나왔습니다. 너무나도 아름답고 친근한 마음에 관음보살상을 잘못 본 것 아닌가 하고 다시 확인 했습니다.

낯설지 않은 아미타 부처님을 바라 뵙고 서 있으려니 나도 몰래 눈물이 흘러내렸습니다. 마치 떼를 쓰면 자비롭게 들어주는 엄마 같고 언젠가 어디선가 뵙던 분 같은 느낌이었지요. 그럼 백제에서 제가 부처님을 뵈었는지요? 가슴이 저려오며 계속 눈물이 났습니다. 관람하는 동선을 따라 세 번이나 돌며 합장 배례하고 아미타 부처님께 마지막 인사를 올리며 간청 드렸습니다.

"아미타 부처님, 제가 언제 다시 이생에서 부처님 뵐 수 있겠습니까? 부디 이 중생의 기원을 잊지 마시고, 많은 중생들의 마음의 등불로 계셔 주십시오. 제 다음 생에도 꼭 다시 부처님 만나 뵐 수 있기를 간절히 기원 드립니다." 마냥 눈물이 났습니다. 아마 입구에 직원이 없었다면 소리 내어 울었을 정도로 제 마음이 흔들렸고, 여행 후에 한동안은 하루라도 그분 생각에서 떠난 적이 없었답니다.

불교박람회 2017.10.17./ 1326

딸과 사위 덕에 추억에 남을 일본 성지순례 여행을 마치고 열흘 만에 돌아와 혼자서 '불교박람회' 구경을 갔습니다. 여기저기 둘러보다 어느 큰 부스에서 쇼핑백에 '보라색 단주'와 처음 뵙는 스님 사진이 담긴 CD를 줘서 받아 넣으며, 속으로 "스님이 참 샤프Sharp하게 보이시네" 생각하고 어떤 스님인지는 기억

못한 채 귀가 했습니다.

박람회에서 얻어온 여러 가지 자료들도 며칠이 지나도 열어 보지 못하고, 샤프한 스님의 CD는 더더욱 기억도 못 하다가 어느 날 침대 머릿장위에 올려놓았던 불교박람회 보따리가 눈에 띄었습니다. 그 순간 갑자기 스님의 CD가 떠올랐고, 얼른 꺼내어 틀어 놓고 저녁 준비를 하는데…

'생활 법문'. 제목 그대로 그냥 생활 법문이었을 뿐이나 갈수록 블랙 홀로 빨려 드는 기분이었습니다. 아주 쉽게 인도해 주기에 밥 차린 후 마무리 할 때까지 말 한마디 않고 생활 법문에 빨려드나 싶었는데, 어느새 손에는 〈지장경 법문〉을 들고 있었습니다.

갑자기 마음이 급해졌습니다. 지장경?… 틀어, 말어?
6년 전 엄마가 갑자기 돌아가셨을 때, "49재 전까지 꼭 읽으라"는 통도사 스님의 당부에 건성으로 대답은 드렸지만 글이 눈에 들어오지 않았던 바로 그 '지장경' 아니던가?
그때 통도사 큰 법당에 참배 드린 후 관음전/ 약사전/ 극락전 쪽으로 내려오면서도 간혹 빠트리고 지나쳤던 '지장전'. 여름에도 서늘하게만 느껴졌던 '지장보살님'이었습니다.

지장경! 그래, 편견을 갖지 말아야지.

이미 생활 법문을 통해 마음이 많이 열리기도 한 상태였습니다.

엄마 생각나는 것은 모두 다 없애 버린다며 보지도 않을 책으로 스님께 처분하라고 드렸던 지장경이 생각나서 밤새 마음이 편치 않았습니다.

지장경을 독경하며

다음날 아침 일찍 조계사를 찾아 경내 가피매장에 들려서 두어 종류의 지장경을 살펴보았으나, 맘에 들지 않아 길 건너 템플스테이 건물 지하 서점에서 다른 지장경을 골라들고 이튿날부터 법안스님 법문을 교과서 삼아 새벽 인시부터 지장경을 읽기 시작했습니다. 지장경 독경은 정말 고문과 같았습니다. 토씨도 틀린 곳이 많아서 3일째 읽어가니 도저히 짜증이 나서 더 이상 읽을 수가 없었습니다.

어쩌나?

'안심정사' 주소를 찾으니 논산이 본찰이고, 서울 강남 분원과 부산 도량의 주소가 나왔습니다. 혹시 그곳에 가면 책을 팔겠지, 만약 똑 같은 책이면 어쩌지? 일단 가보자. Sharp라는 단어가 바로 떠올랐던 스님이신데, 이처럼 답답하게 번역하진 않으셨겠지.

아니 그런데 '태고종'?
다시 돋보기 끼고 봐도 '태고종 안심정사'.
조계종이 아니라는 갈등에 휩싸여 하루를 또 보냈습니다.

어쩌지? 그래, 사진으로 보면 너무 샤프하신데…
소복하게 솟은 머리위의 육계를 지금껏 어느 큰스님에게서도 뵌 적이 없었다. 예사 스님은 확실히 아니실 텐데, 나만의 잣대로 어찌 종단 때문에 그렇게 헤매던 시절을 또 되풀이하려나?
일단은 나의 편견을 먼저 깨자.

이것도 인연일 텐데, 그래 가보자.
그 시대 상황을 보지 않고. 시대를 평가할 수 있을까?
태고종 안심정사와 조계종 부처님은 서로 다른 석가모니 부처님이신가?
나는 세계 어떤 곳 어디서든 그곳에 계시는 그 부처님의 불자가 아니던가?
번민을 털고, 씩씩하게 안심정사를 찾아 마음 가볍게 5층으로 올라갔습니다.

여느 도시의 포교당과 비슷한 모습이었지요.

법당에서 삼배를 올리고 나오면서 불교박람회에서 알고 왔는데 지장경을 구하고 싶다고 말하자, 또 보라색 단주와 CD와 기도표를 주셨습니다.

여러 가지 설명을 듣고 집으로 돌아와 지장경을 열어 보았더니…

우선, 책의 두께가 조금 얇고 활자가 너무 작지 않은 보통 크기에다 너무 과한 존칭을 없앤 토씨들의 간결함. 그리고 주석 없는 편집이 너무 맘에 들었습니다.

이튿날 지장경을 읽으니 평소 3시간 30분 걸리던 시간이 2시간으로 줄었습니다. 혀가 잘 안 돌아가는 극존칭이 세련된 단어로 바뀌어 혀와 입과 눈이 아주 편했습니다. 요즘은 안심정사 지장경을 열심히 읽으면서 처음엔 생소하게 들렸던 재수불공도 올리게 되었지요.

"그래. 여기야" 라는 확신을 갖게 되니 병상에 있는 안타까운 후배의 얼굴이 떠올랐습니다. 우리 불교도 이제는 '가부좌 불교'에서 '생활 불교'로 바뀌어야 한다는 생각에서 49재 때 후배가 다니던 절에 안심 지장경을 법보시하였습니다. 뭔가 꼬집어 말하긴 그렇지만. 지장경을 읽고부터 모든 일들이 잘 풀린다는 그런 느낌을 받고 있기 때문입니다.

　마지막으로 저 같은 재가신도들이 편안하게 고인들을 떠나보낼 수 있는, 그런 독송용의 알기 쉬운 법요집 혹은 발원문이나 기도문을 만들어 주시면 고맙겠습니다.

2017.12.10. / 1355

든든한 보험,
새벽기도

제 종교생활 시작은 불교가 아니었습니다. 10년 일하던 병원 원장님이 신사동의 교회를 열심히 다녔는데 어느 날 제게 가족들과 병원을 위해 교회에 다녀보라고 권했지요. 저는 '장손의 며느리로 일 년에 제사를 7번 지내야 하는데요'라는 말이 목구멍까지 올라왔지만, 병원을 위해서라는 말에 거절할 수 없었습니다.

혹, 내가 교회에 안 나가서 병원에 환자가 없다는 말을 듣게 될까 하는 을의 나약한 마음에 울며 겨자먹기로 주일예배를 2년 가까이 다녀야 했습니다. 반복이 결국 믿음이 되는 건지, 그냥 껍데기만 왔다 갔다 하다가 앞으로는 마음도 챙겨볼까 하고 다짐했는데…

마음을 챙겨보기로 한 주일예배 전날, 원장님으로부터 내일 새벽 7시까지 삼성동의 절로 오라는 전화를 받게 됩니다. 저는 '교회가 아니고 절이요?' 라고 몇 번이나 확인한 후에 이게 도대체 무슨 일인가. 이렇게 하루아침에 휙! 돌아서도 되는 건가? 아무리 내가 믿음이 없었다 해도 이래도 되는 건지 벌 받을까 겁도 났습니다.

다음날 불안한 마음으로 절로 향했고, 원장님은 마치 몇 십 년 절에 다닌 분처럼 익숙하게 절을 하고 능엄주를 독송하며 독불공을 했습니다. 전국의 명찰을 다니며 3000배를 하고 마치 불교로 오기를 준비하신 분인 양, 그동안 어떻게 교회를 다니셨는지 의문이 들 정도였습니다.

그렇게 4년 정도를 원장님과 절을 다니며 지장보살님도 알게 되었습니다. 그때 저는 지장경이 있는지도 몰랐고 원장님이 능엄주만 독송하라 해서 그게 어느 나라 말인지 무슨 의미인지도 모르고 그저 능엄주만 독송했습니다.

그러다 원장님이 병원사무실 건물에 선원을 만들고 스님도 계시기에 거기서 불공과 기도를 했습니다. 저는 그 절에서 지장경을 알고 읽으면서 처음으로 발심이라는 것을 했습니다. 지장보살님 불상이나 탱화를 절에 모시면 그 공덕이 아주 크다는 것을 읽고 그렇게 하고 싶다는 마음이 든 겁니다.

지장보살님 탱화를 모신 그날 밤 지장경 기도를 한 후 꿈을 꾸었습니다. 하얀 꽃이 만발한 커다란 나무 아래서 지장보살님이 저에게 "목련일에 선화보살이 된다"라고 말씀해 주셨습니다. 그게 무슨 의미인지는 모른 채, 난생처음 지장보살님을 뵈었다는 생각에 신기하고 너무 기분이 좋았어요. 죽을 때까지 지장보살님께 기도하기로 결심하는 계기가 되었습니다.

실업과 공황장애로 잠시 외면했던 불교

하지만 당시 직원 수 100명에 병원을 3개나 운영하던 원장님이 경영난을 이유로 갑자기 잠적하게 되자, 15년을 아버지처럼 따르고 가까이에서 모셨던 처지기에 충격이 컸습니다. 하루아침에 실업자가 되고 공황장애가 오며 머리카락도 하얗게 변했습니다. 무려 6개월을 치료받으며 지냈습니다.

갑자기 엄습하는 죽을 것 같은 공포감과, 남편이 보이는 곳에 있지 않으면 공포로 구역질이 날 정도의 불안장애로 사는 게 사는 것이 아니었습니다. 지장보살님은 나에게 왜 이런 고통을 주시는 건지 원망심만 가득해졌습니다. 원망은 불신으로 이어졌고 불신은 지장보살님뿐만 아니라 불교 자체를 외면하게 만들었습니다.

더 이상 기도하지 않았습니다. 만일 그때 법안 스님을 만났더라면 어땠을까요. 나중에 몸이 좀 회복되었을 때 저는 지난 고통들이 다 제가 지은 업의 결과라는 것을 깨닫게 되었습니다. 풍족한 생활로 번 돈을 옳지 않은 곳에 낭비하였고, 남편을 무시해서 존중하지 않았고, 주지 않는 것은 나의 위치를 이용해 사용하였고, 병원의 이익과 투자금 유치를 위해서 정직하지 않은 문서를 작성하는 등… 지장경 제4품 30절의 최상위 업보를 지은 거죠. 겁도 없이!

하지만 깨닫는 순간 지장보살님께 감사하는 마음이 넘쳤습니다. 지장보살님께서는 나에게 고통을 주려고 하신 게 아니라 더 이상 업보를 짓지 못하게 하시려고 한 것이구나. 스스로 멈추지 않으니 지장보살님께서 멈추게 해주신 것으로, 지금이라도 멈추게 된 것이 얼마나 다행인지 안도감이 들었습니다.

이후 저는 다시 지장경을 읽기 시작했고 새로운 직장을 얻었으며, 남편의 소중함과 고마움을 알게 되었습니다. 그렇게 나름의 기도를 하던 중에 2017년 불교박람회에서 우연히 들른 야외 부스에서 법안 스님의 생활법문 CD와 럭키체인 등을 받게 되었습니다. CD는 출퇴근하면서 들을 요량으로 차안에 두었다가 한참 지난 후에 듣게 되었는데. 법문의 신세계를 만난 것 같았습니다. 바로 이거다! 법안 스님의 기도법은 시원한 사이다처럼 제 답답한 가슴을 뻥~! 뚫어주셨습니다. 그 법문을 듣고 어떻게 기도를 하지 않을 수 있겠습니까!

새벽기도를 시작한 계기였습니다. 그러나 과연 새벽 3시에 일어날 수 있을지가 문제였습니다. 법안 스님 법문을 들으면 내일부터 하는 거야~! 할 수 있어 하다가도 침대에 누우면 의지박약으로 못 일어나고, 다음날 아침 출근길에 차안에서 법문을 들으면 내일부터 하는 거야~!라며 또 다짐하기를 3개월여.

새벽기도를 하기까지

이러다 영영 못하겠다 싶어 우선 7일만 해보자 다짐하고 소원표를 작성한 뒤 한 장은 절에 우편으로 보냈습니다. 모든 준비를 마친 후 알람 2개를 3시에 맞추고 잠들었습니다. 내일 못 일어나면 어쩌지 불안해하면서… 다행히 성공적으로 3시에 일어나졌고 법안 스님 기도법에 따라 기도를 시작했습니다. 비록 졸기는 했지만 끝냈을 때의 환희와 해냈다는 성취감은 이미 소원 10개를 다 이룬 듯 했죠.

기도 시작하고 3일째 밤. 꿈을 꾸고 나서 오랫동안 만성으로 앓았던 방광염이 나았습니다. 꿈속에 소변과 함께 무슨 덩어리가 쑥~ 빠져 나오는 느낌이 드는 겁니다. 한 번도 아니고 두 번이나 그런 느낌이 전해졌고 너무나 그 느낌이 생생하여 일어나 침대를 확인할 정도였습니다. 꿈에 본 그 덩어리가 뭔지 확인하니 흰색의 생선회 두 점이었습니다.

벌써 6개월 전의 일로 이제는 좋아하는 생선회와 해물을 먹지 않게 되고, 육식도 90%는 끊었습니다. 피곤하면 재발하는 방광염 때문에 1박 2일 여행만 가도 방광염으로 신경이 쓰였는데 그 증상이 사라지니 약 먹을 일이 없고 피곤해도 걱정이 없습니다. 기도하다가 졸리면 서서 했고, 서서 깜빡 졸다가 꿈에 법안 스님께 혼나기도 하며 어느 때는 조는데 누가 제 등을 세게 때리기도 했습니다.

그렇게 7일 기도가 끝나가려 하자 이왕 한 거 49일 가자. 49일이 다가오면 어차피 한 거 100일은 해야지, 또 100일이 채워지자 그래 까짓것 1000일 해보자. 법안 스님께서 '나를 이기는 일'이라 하지 않았던가! 어디 멋지게 이겨 보자라는 생각으로 이어져온 새벽기도가 179독까지 왔습니다. 제 스스로도 대견하고 자랑스럽기까지 합니다.

그리고 1000독 후 제 운명이 어떻게 변해 있을지 궁금해 견딜 수 없습니다. 아마 1000독이 가까워져 오면 전 3000독을 다짐하고 있을 겁니다. 3000독 하면 이젠 더 이상의 다짐은 필요 없겠죠. 새벽기도가 평생 습관이 되어있을 테니까요.^^

이제 새벽기도는 저에게 하루의 보험입니다.
기도한 후로 큰스님 말씀처럼 담대해지고 편안합니다.
걱정거리가 생겨도 불안하거나 조급하지 않습니다.
지장보살님 빽이란 믿는 구석이 생겼으니까요.

부처님께 감사드리며
지장보살님께 감사드리며
법안 스님과의 인연에 감사드립니다.

2018.04.10. / 1455

저도 이제
불자랍니다

어릴 적 엄마 손잡고 절에 가는 날은 마냥 좋은 추억으로 남아있습니다. 더 자라선 '일요 어린이법회'에서 맛있는 것도 많이 먹고 스님께서 재미있는 이야기도 들려주셔서 좋았습니다. 12살 무렵 살던 곳을 떠나 도시로 나가 학교를 다니며 중·고등학교 친구들과 교회와 성당도 다녀보았지만, 어린 시절 절에서 찬불가나 반야심경을 듣듯이 마음 편하고 즐겁진 않았던 것 같습니다.

결혼 후는 어쩌다 발길 가는 절에 들러 부처님께 절 올리며 기도했으나, 뭔지 모를 막연함만 더 할 뿐 내가 놓쳐버린 무엇이 있는 것만 같았지요. 그래서 무속인을 찾아가 보기도 하고 우리민족 전통신앙에 심취해 본 적도 있습니다.

어떤 종교든 다 좋은 말씀이고 진리를 알려주지만 너무 공으로 바라기만 하는 것 같아 기도에 집중할 수 없었고 때로는 평범한 주부가 믿고 따르기에는 선을 넘는 맹신인 것 같아서 참 많은 시간을 방황했습니다.

물론 불교를 생각해 보았지만 제게 너무 어렵게 느껴졌고 또 무엇을 어디에서 누구에게 들어야 할지도 잘 몰랐습니다. 다만 습관처럼 마음이 어지럽고 힘들 때 관세음보살님을 찾고 어느 법당에 들어서다 지장보살님 뵈면 108배 한 번 올리고 오면 맘이 편해지는 정도였지요.

이렇게 쉽고 재밌는 부처님 말씀을

그러다 우연한 기회에 법안스님 생활법문과 지장경CD를 친정언니로부터 선물 받고, 퇴근길에 너무 차가 밀리기에 무료해서 들어보았던 스님의 법문은 시간이 더할수록 알 수 없는 환희와 어릴 적 느꼈던 즐거움으로 되살아났습니다. 범부 중생인 저도 생활 속에서 기도할 수 있고, 부처님 말씀이 이렇게 쉽고 재미있었던 걸 왜 그동안 모르고 살았을까 생각했습니다.

그날 제 몸과 마음 깊이 느껴졌던 그 환희를 어떻게 표현해야 할지 모르겠지만, 부처님과 여러 불보살님들께서 항상 지켜봐 주시기에 선업을 많이 짓고 지난 세월의 악업을 진심으로 참회하면 저도 성불할 수 있을 거란 희망이 생겼지요. 옥수수 알 빠지듯 들쑥날쑥하며 오늘까지 인시 지장기도 43독을 했고 출퇴근 시간에 법안스님 법문CD 듣고 또 들으며 나도 할 수 있고, 정말 잘 될 수 있다고 자신합니다.

석 달이나 걸린 10대 소원표

열 가지로 소원을 요약할 수도 없고, 어느 때는 모두 급하고 중요한 소원인 것 같다가 이런 것까지 부처님께 빌어도 되는 건가? 지워야 하나? 생각도 들었습니다. 처음엔 생각나는 대로 욕심껏 적고 또 적으면서 이거 다 세 번 읽고 지장기도 하면 되지 했었습니다. 그런데 지장경 읽고 스님 법문 들으면 들을수록 소원이 한두 가지씩 늘어나게 되고 기도할 시간이 제대로 없게 되더군요. 주객이 전도되었던 셈이죠.

비로소 어제 제 자신과 먼저 타협했습니다. 우선 2018년 한 해 동안 꼭 이루고 싶은 소원부터 적었습니다. 지극히 개인적이고 유치한 소원이었지만 제게는 절실한 것이라 먼저 적었습니다. 그리고 한두 해 하고 끝낼 기도가 아니기에 마지막에는 선망조상님과 유주무주 영가들 법계일체 중생들을 위해 평생토록 기도하기를 서원했습니다. 10대 소원표 작성에 석 달이 넘게 걸린 이유지요.

스님 법문 중에 요범 선사께서 10년 걸려 3000가지 선업을 지으셨다 하셨는데 어떤 것이 선업인지 솔직히 잘 모르겠더군요. 그래서 저는 아주 사소한 것, 예를 들면 분리수거를 철저히 하고 길 가다 버려진 쓰레기 하나라도 주워서 제 자신을 칭찬해 주려 합니다.

가족이든 친구든 이웃이든 동료든 타인을 이야기할 때는 항상 좋은 이야기를 우선으로 하고 좋지 않은 이야기는 최대한 가려서 하려고 합니다. 초등학교 아이들이나 하는 일을 선업이라 말하면 웃으실지 모르지만 한번 해보렵니다. 제 나이 45세지만 불가에선 이제 걸음마 하는 아이입니다. 이렇다 할 거창한 서원도 없고 지식과 깊은 신앙심도 부족하지만 저도 이제 불자라 생각합니다.

저에게 이런 기도하는 즐거움을 갖게 하고 불자의 길로 이끌어주신 법안스님 감사합니다.

2017.09.13. / 1306

특별하게 찾아오신
지장보살님

부산 안심정사(달맞이 절)에 다니기 시작한지 1년이 조금 지났습니다.

돌이켜보면 제가 안심정사에 인연 닿은 것이 시간이 갈수록 신기하고 또 신기합니다. 대부분 불자들은 불교방송에서 스님의 법문을 듣고 인연을 맺거나, 주위에서 지장경 독경기도를 권유받아 안심정사와 인연을 맺으셨더라구요.

그러나 저는 다릅니다.
아무것도 모르는 제가 집에서 제일 가까운 절에 다니면서도, 직장에 다닌다는 이유로 어떠한 기도나 행사에 참여할 수 없어서 혼자 법당에 들락날락하다 교리를 조금이라도 알고 싶어 불교대학 저녁 교리반에 입학했지요.

그렇게 절에 왔다갔다 하다 보니 다라니 기도가 매달 3일 동안 저녁 시간에 있어서 시간이 딱 맞아 퇴근 후 빠지지 않고 꼬박 1년간 다녔습니다. 신묘장구대다라니 1시간. 관세음보살 정근과 지장보살 정근, 츰부다라니 7독을 하고 마치는 기도였지요.

밤새 읽은 책 [운명을 바꾼 사람들]

그날도 스님 목탁에 맞춰서 평소처럼 하다가 문득 '츰부다라니를 왜 하지?'하는 생각이 들어 법당에서 기도 중 바로 검색했습니다. 지장기도가 나오고, 연관검색에서 안심정사가 나와서 기억한 후 귀가하여 안심정사를 찾아봤습니다. [운명을 바꾼 사람들] 글을 그날 밤새 꼬박 읽고 글마다 달린 댓글까지 꼼꼼히 읽어 보고는 놀라웠습니다.

저는 부처님께 바라고 구하는 것을 욕심이라고 배웠습니다. 안심정사 카페에 올라온 글은 달랐습니다. 부처님께, 지장보살님께 달라고 하면 다 주신다는 내용이었습니다. '부처님께 달라고 하면 다주신다고?? 그럼 나도 이제부터 달라고 해야겠다.'

다음날 아침 까페에 적힌 부산 안심정사로 전화하고 바로 갔습니다. 누구의 소개도 아니고 법안스님을 방송에서 뵙고 찾아간 것도 아니고, 그동안 법안스님을 한 번도 들어본 적이 없었습니다. 죄송합니다. 스님~~ ^^:: 기도 중에 그냥 궁금증으로 안심정사로 발길을 돌린 것입니다.

아마도 지장보살님이 이끌어주신 거 같다는 느낌이 맞는 것 같습니다. 그날 이후 매주 가서 기도하다가 한 달 정도 지나 스님을 친견하자, 스님께서는 49일 기도를 숙제로 주시고 꿈을 꾸면 뭐든지 알려 달라 하셔서 난감했습니다. 눈감았다 눈뜨면 아침이라고 꿈을 안 꾼다고 말씀드리니, 기도 중 뭔가 있을 거라며 작은 것도 놓치지 말고 적어뒀다가 만나면 알려 달라 하셨지요.

기도 중에 정말 꿈을 꾸었습니다. 딱 한 개. 더 이상 어떤 꿈도 없었습니다. 그 꿈은 달맞이 절 1층 법당에 제가 약사여래불 앞에 있는데 누군가 저에게 말했지요. "너는 지장보살을 찾기 전에 일광보살을 먼저 찾아라"
스님이 그 꿈 얘기를 들으시더니
"약사불공 올려야하겠네, 종무실에 접수하고 가~" 그 말씀뿐이었습니다.

아마 스님은 친견하는 그날 아셨을 겁니다. 제가 약사불공을 올려야 한다는 걸. 맞지요? 스님께서는 다 아시면서 왜 49일 기도를 하라고 하셨는지 이제는 조금 알 것도 같습니다. 어쩜 그렇게 딱 맞는 꿈을 꾸게 하시는지 신기합니다.

이제 기도 중에 본 것을 적어볼까 합니다.

작년 백중회향일, 지장정근을 합니다. 지장보살님을 부르고 또 불러봅니다. 눈물이 주르륵 주르륵 하염없이 쏟아져서 고개를 푹 숙이고 있다가 지장보살님을 올려보니, 지장보살님 입꼬리가 싸악~~올라갑니다. 웃어주시면서 고개를 끄덕끄덕 또 끄덕끄덕 해주십니다.

저는 잘못 본줄 알고 또 다시 눈을 한번 비벼보고 쳐다봅니다. 또 싸~악 웃으시면서 고개를 끄떡이십니다. 뭘까? 궁금해졌습니다. '정성을 다 하면 돌부처도 움직이다'는 옛말이 생각났지요. 작년 10월 1일 토요일부터 2일 일요일, 3일 개천절까지 연휴라 맘껏 기도를 했습니다.

마지막 3일째. 지장보살님 입술에서 불빛이 반짝하더니, 목걸이 윗줄에 불빛이 반짝 목걸이 줄 따라 움직여 가고 아랫줄에 줄 따라 불빛이 움직여 갑니다. 스님께 여쭤 봤더니, 옆에서 지켜주시겠다고 표시해주신 거라며 앞으로 기도를 조금만 더 열심히 하면 되겠다고 하셨습니다.

작년 한강 수륙재를 다녀오고 나서 한참을 아팠습니다. 병원 다니고 약 먹고 나았는데도 절에 가는 날이 되면 몸이 또 아픕니다. 절에 못 가게 누군가가 방해하듯이 완전히 꼼짝을 못하게 드러눕혀서 한동안 절에 못 다녔습니다. 이런 증상이 계속 반복되다가 동짓날 팥죽공양을 올리고 나서야 완전히 나았습니다.

동짓날 약사부처님께 팥죽공양

의도한 건 아닌데 제가 약사부처님 앞에 팥죽을 들고 서 있다가 공양을 올리면서 '다시 기도할 수 있게 낫게 해주세요.' 기원했습니다. 다음날 여태껏 느껴보지 못한 맑은 정신과 개운한 몸으로 일어나게 되어 너무 놀라웠습니다. 완전 최상의 컨디션으로 약사부처님께서 다시 기도하라고 일으켜 주신 거 같았습니다.

제가 아들 낳고 시부모님께서 가물치로 해산 간호를 너무 잘 해주셨거든요. 아팠던 얘기를 들으신 스님께서 가물치 먹은 업은 잘 소멸을 한 거 같다고 하셨습니다. 이번 9월 23일 수륙재도 어떤 일도 다 미루고 동참합니다. 저처럼 해산 간호를 잘하신 분들은 꼭 동참하시어 법안스님의 원력으로 업을 소멸하시기 바랍니다.

다른 데서 더 이상 시간 허비하지 않도록 특별하게 이끌어주신 부처님과 지장보살님 감사드립니다. 법안스님과 함께 기도하는 안심정사 법우님들 감사하고 또 감사합니다.

부처님이 곧 로또
Buddha Bless

오늘은 제게 뜻깊은 생일날입니다.

지장경 800독 회향과 900독 입재일이기도 합니다.

지금 휴대폰으로 글을 쓰고 있는 저는 뭔가에 홀리듯 써내려가는 기분입니다.

그동안 부처님 가피를 수도 없이 받아서 안심정사를 알게 되고, 새벽기도와 지장기도 재수불공으로 인해 더 가파르게 운이 조금씩 상승하고 있는 것을 느낍니다. 느린 걸음으로 이제야 900독 입재를 하였지만 정상에 오르기 위해 꾸준히 노력하고 있습니다.

여태 힘든 일들도 무수히 많았지만 업장이 어느 정도 닦인 것인지 이제는 제가 업을 지으면 바로 받는 것 같습니다. 고기를 먹으면 화장실에 가거나 체하는 횟수가 늘어 자제하고 있습니다. 상사와 직원들로 인해 힘든 적이 많았지만 600독 읽는 시점에 직장은 좋은 상사를 만나서 편하게 다니고 있는 중입니다.

20대부터 많이 힘들고 몸과 마음이 아팠던 것은, 지장경을 읽다보니 그게 저에게 깨달음을 주기 위해서였다고 생각하게 되었습니다. 이제는 부정적인 말과 생각보다는 긍정적인 생각으로, 작은 것 하나에도 감사할 줄 알게 되었습니다.

법안 스님께서 "나는 돈을 사랑한다"고 법문하시는 것을 처음 듣던 날 많이 당황했습니다. 혹시 오해하는 분들은 경제/ 자기계발/ 부와 관련된 책을 보면 아실 거예요. 책을 싫어하던 제가 조금씩 읽다가 어느새 1년 사이에 제법 읽고 배우고 느끼게 되었습니다. 돈을 사랑해야 하고, 사랑한다고 말해야 나에게 오니 1원이라도 소중히 대해야 합니다.

감사는 감사를 부르며, 긍정적인 말과 행동은 인과응보로 모두 자신에게 돌아온다는 말이죠. 아직 불교 공부는 모자라지만 감히 제가 부처님 안에서 부딪치고 느낀 결과 지금은 긍정에너지로 채워가고 있습니다. 아직 큰 소원들이 이루어지진 않았지만 이 또한 가장 좋은 때에 이자 팍팍 붙여서 이루어질 것을 알기에 부처님 믿고 법안 스님을 믿고 열심히 기도하고 있습니다.

두서없지만 결론은 좋은 쪽으로 제가 바뀌고 있음에 감사함을 표하고자 이렇게 뜻깊은 날에 법공양을 올립니다. 법우님들 소원 모두 성취하시길 바라고 법안 스님 늘 건강하시고 평안하시길 바랍니다.

마지막으로, 교회나 성당에는 젊은 사람이 많아 그런지 자신의 종교를 떳떳하게 밝히고 다니지만 절에 다니는 분들은 주위의 시선을 의식합니다. 불교가 널리 퍼져서 연령대 상관없이 불자들이 스스로를 자랑스러워하는 날이 빨리 오기를 기대해 봅니다.

2017.09.17./ 1310

초보 불자의
회향기

'내가 여기에 이렇게 별것도 아닌 글을 써도 되나?' 하는 생각이 잠시 들었습니다.

게다가 삼칠일기도도 아니고 백일기도도 아닌 겨우 칠일기도 회향 이라니~~~ㅋ 제가 생각해도 좀 웃기는 일 같긴 하지만 그래도 나름 뿌듯하고 귀한 경험이라 무식하면 용감하다고, 그냥 쓰고 싶어서 용기를 내 제 작은 경험담을 말씀드려볼까 합니다.

우연히 불교 방송을 통해 겨우 20여 분 정도 법안스님의 신해행증 법문을 듣게 되었는데, 듣는 내내 "저 스님은 대체 누구시지~??" 하는 강한 궁금증이 생겼었지요. 그동안 수없이 많이 들어왔던 다른 여러 스님들의 법문과는 확연히 다른 그런 어떤 강렬한 느낌을 받았거든요.

바로 담날부터 인터넷을 뒤져 법안스님의 동영상들을 찾아 듣기 시작했고 그 일은 지금도 계속 진행중이랍니다.^^ 동영상 법문을 듣던 중 지장경 기도에 관한 말씀이 제 귀를 사로잡았고 바로 종무소에 전화해 지장경과 '정말 잘돼' 액자 3개를 주문했지요.(액자 정말 이뻐요~~^*^)

그 사이 안심카페를 알게 되었고 그곳에서 스님의 귀한 말씀들과 여러 법우님들의 운명을 바꾸는 기도 이야기, 그리고 '진실불허'님의 가슴으로 써내려간 삶의 이야기들을 감사히 읽고 배우고 있습니다.

기도…
마음만 앞섰지 무슨 기도를 어떻게 해야 하는지도 모르는 절 위해 감사하게도 진실불허님께서 정말 자세하게 방법과 순서, 기도 시 마음가짐에 대해 알려주셨습니다. 작은 것과 할 수 있는 것부터 시작해 그 목표를 이루고 스스로 성취감을 가져보라고 하신 말씀에 힘입어, 3시 30분 기상과 백일기도는 감히 엄두를 못 내 4시 20분 기상에 7일 기도를 작정하고 소원표 1번에 4

시 20분에 꼭! 일어나게 해주세요~~라고 적었답니다.

　20여 년 넘게 새벽 1~2시까지 책을 읽다 자는 게 습관이 되어버린 터라 새벽 기상은 제게 굉장한 부담이었습니다. ㅠㅠ 새벽 기도를 시작하기 전에 법안스님을 꼭 한번 뵙고 싶어 9월 10일 논산 일요 법회에 참석을 하고 스님 법문을 직접 듣고 적으며 멀리서나마 스님의 모습을 올려다 보았습니다.(너무너무 자애로우신 모습… ^^)

　꿈…
　저는 꿈을 그다지 잘 꾸지 않습니다. 간혹 꾼다 해도 잠자기 직전 읽었던 책과 관련된 느낌이든지 뭔가 긴가민가 생각나지 않는 불분명한 꿈들이었지요. 첫 꿈은 기도 시작 첫날 새벽 알람이 채 울리기 전에 누군가 제 왼쪽 옆구리 아래를 무지하게 아프게 움켜쥐어서 놀라서 깬 꿈이죠.

　그 후 7일 동안 알람과 동시에 벌떡 일어나지는데 저도 스스로 놀라웠습다.~~ㅎㅎ 두 번째 꿈… 사람이 아주 많은 넓은 곳에서 눈이 크고 선하게 생긴 젊은 남자분이 저에게 떡 봉지 10개를 품에 안겨주셨습니다. 그런데 뒤이어 또 다른 남자분이 제 가방을 뺏어 달아나는데 제가 끝까지 쫓아가 그 가방을 되찾아 왔지요.

첨엔 이게 뭐지 했는데 순간 아! 소원표에 10가지 소원을 적었었지 싶더군요.

세 번째 꿈은 법안스님을 뵈었는데 바로 어젯밤에 꾸었습니다.

이런 일련의 꿈들이 무엇을 암시하는 건지 저는 잘 모릅니다. 다만 그동안 생전 꿔보지 않았던 선명하고 신기한 느낌의 꿈들이라 그냥 여러분들께 말씀을 드려보는 거예요. 암튼 전 오늘 지장경 칠일기도 회향을 잘 마쳤고 이제 자신감이 조금은 붙어서 지장경 삼칠일기도를 시작해 보려 합니다.

신심 깊은 법우님들의 백일기도 천일기도에 비하면 지나가던 강아지가 멍멍~ 하고 웃을 일이겠지만, 제가 워낙 아둔하고 게으른 사람인지라 그냥 제 페이스에 맞춰서 기도도 천천히 복 받는 것도 천천히 느긋하게 받으렵니다. ^^ 제가 정말 원하는 건 얼마나 기도를 잘 하느냐가 아니라 얼마나 끊임없이 기도할 수 있는지 입니다.

지장경 알고 20일만의 변화

법안스님과 지장경을 알게 된지 이제 불과 20여 일. 이 짧은 기간 동안 정말 많은 것들을 배웠고 또 배우는 중이고 몸으로 실천하고 있습니다.

참! 좋은 일도 하나 생겼습니다. 남편이 30여 년 대기업 다니다 작년 12월에 명퇴하고 여지껏 쉬다가 8월 4일부터 새 직장에 다니기 시작했습니다. 자신의 전공과는 무관한 일을 하는지라 적응하느라 조금 힘들어하는 상황이었지요.

저희 집은 청주고, 새 직장이 동탄이라 주말부부를 하고 있는데 삼 일 전쯤 전화가 왔어요. 규모는 좀 작은데 남편이 대기업에서 쌓아온 기술력을 필요로 하는 다른 회사에서 스카웃 제의가 왔다네요. 연봉도 2000만원 정도 더 많고 직급도 더 높아서 옮기기로 결정을 했다면서 11월부터 그 회사로 출근을 한답니다.

혹시 이것도 제가 지장보살님께 칠일 동안 기도드린 덕분일까요? 제가 한 거라곤 그냥 무조건 잘 되게 해주실 거라 믿고 또박또박 소원표 읽은 것밖에 없어서 솔직히 긴가민가 아리송합니다.~~ㅎㅎ

이제 저도 '운명을 바꾼 사람들'이란 주제에 맞게 기도를 통해 제 운명을 조금씩 바꿔가는 중이라는 확신을 가지게 되었지요. 혹시나 저처럼 완전초보 불자님이 계셔서 아직 망설이고 계시다면, 저 같은 사람도 이렇게 작은 발걸음을 내딛으니 용기 내어 시작해 보라고 권해드리고 싶습니다.

행복/풍요/기쁨/ 그리고 깨달음/ 온갖 과일이 아무리 먹음직스러워도 지금 나무를 심지 않으면 영원히 저 과일을 못 따먹겠지요.
긴 글 읽어주셔서 감사드리고~~

한발 한발 조금씩 더 노력해서 세찬 비바람 큰 태풍에도 끄떡없는 아름드리 큰 나무로 제 자신 성장하게 되기를 두 손 모아 간절히 기원해 봅니다.

2017.12.28. / 1371

지장 기도의
위력

　어머니와 제가 어떤 기도를 할 것인가를 두고 한바탕 다툼이 있었습니다. 어머니는 스님들이 법화경이 좋다고 하니 법화경을 읽겠다고 하시고, 저는 그런 상근기가 아니니 근기에 맞는 지장경을 읽자고 했죠. 어머니는 기도도 약속해놓고 하면 부담이 되니 마음 가는 대로 하시겠다고 하는 반면, 저는 수행이니 당연히 마음에 부담을 가져야하는 것이라고 밀어붙였었습니다.

　자식 이기는 부모 없다고, 어머님도 항복하시고 하루에 지장경을 세 번씩 읽겠다고 하셨지요. 하루에 삼 독도 힘드신데, 절까지 하신다고 하니 기도 수행으로 치면 제가 도저히 따라갈 수가 없었습니다.

그렇게 수행 중인 어머니가 한국에서 미국에 있는 저에게 전화로 여러 소식을 전해 주셨습니다. 그중 한 가지는 제가 지금의 주립 대학에 자리를 잡기 몇 개월 전 법안 스님과 주고받은 이야기였습니다. 스님께 기도를 부탁하니 스님께서 하루에 지장보살 염불을 1만 번씩 10일 동안 하라고 하셔서 그대로 하셨다는 것이었습니다.

제가 미국에서 티베트 불교학으로 박사를 받은 최초의 한국 사람이 된 것이 제가 잘나서가 아니라는 것은 분명히 알고 있었지만, 그 뒤에는 법안 스님의 처방과 어머니의 보이지 않는 기도가 있었다는 사실을 5년이 지난 오늘에야 비로소 알게 된 것이죠.

오직 기도로 펴진 어머니 허리

다른 한 가지는 어머님의 아픈 허리에 대한 것입니다. 어머니는 제가 25살 때 갑자기 허리뼈가 하나 녹아버려서 병원에선 걷지도 못한다고 했는데, 기도를 어찌나 열심히 하셨는지 보통 사람처럼 걸어 다니시는데 나이 때문에 허리가 점점 굽어지는 것은 어쩔 수 없었죠. 그런데 그 허리가 며칠 전에 기도를 마치고 일어서는 데 갑자기 펴지더라는 것이었습니다.

늘 일어날 때마다 방바닥을 보고 일어나셨는데, 갑자기 벽을 보고 일어나시게 되어 당신께서도 깜짝 놀랐다고 합니다. 그때 어머니가 저절로 "지장보살님 감사합니다!"를 외치셨답니다. 전화로 그 소식을 듣고 있는데, 마구 웃음이 나오며 눈물이 함께 흐르더군요. 정말 감사드립니다.

사람들은 가끔 저를 이상하게 보기도 합니다. 불교 학자로 철저하게 논리를 따지고 고증을 하는 사람이 어떻게 이런 신기한 현상들을 믿는지 의아해합니다. 아내까지도….

그런 사람들에게 저는 "사람들은 보통 자기가 알고 있는 세상이 전부라고 생각한다. 모든 것이 자기가 알고 있는 원리대로 일어날 것이라고 믿는다. 그렇게 세상을 보는 것은 아주 일부만을 보는 것이다. 세상은 우리가 다 알고 있다고 착각하는 것보다 훨씬 더 크며, 우리의 알음알이를 넘어서는 원리로 일어나는 것들이 있다"라고 말해 줍니다.

우리 기도에 감응하는 불보살님과 법계의 가피가 그중 하나라고 생각합니다. 공부와 수행의 기초는 다름 아닌 가르침을 듣고 따를 수 있는 낮은 자세라는 사실을 법안 스님을 오래 보아오며 배워왔습니다. 오늘도 어딘가에서 일어나는 기도의 신기함에 저를 더 낮추며 신심을 더 다져봅니다.

2018.02.02. / 14:00

지장경 법보시를
33분께 하고

저는 일주일에 한 번 대전에서 순천까지 출장을 가야하는 형편입니다.

198키로, 2시간 이상 장거리 운전을 하며 차에서 염불을 주로 듣습니다.

3년 전쯤으로 기억되는 어느 날 유튜브로 약사여래 정근을 듣다가, 생각 없이 그냥 따라서 부르곤 했는데 염불하는 스님 목소리가 귀에 익어 자꾸만 찾게 되었지요. 그러다 안심정사 라는 글귀가 눈에 확 들어왔습니다. 원래 TV도 안 보고 인터넷 검색도 잘 하지 않는데 그날은 안심정사를 검색하게 되었죠.

약사도량? 주소를 검색해놓고 나중에 꼭 가봐야지 라는 맘을 먹고 2년여 시간이 흐른 뒤. 지장경을 구입해서 100일기도 입재를 했습니다. 열 가지 소원 중 한두 가지 빼고 기도로 성취하는 놀라움과 함께 백일기도 회향 열흘 정도 앞두고 법안스님을 친견하게 됩니다.

그날은 설법전 준공하느라 경내가 정리가 안 된 상태였는데, 법안스님이 주변을 돌아보시다가 먼저 "어서오시오!"라고 첫인사를 하셨습니다. 합장 인사드리고 경내를 돌아보니 어렵게 불사가 진행되는 것이 느껴졌습니다.

그 순간 아! 내가 이 절을 위해 스님을 도와 드려야지 맘을 먹게 되었지요.

"스님! 저는 사정이 있어 안심정사에 자주 올 수는 없지만 다른 사람들이 안심정사에 많이 올 수 있도록 스님을 돕겠습니다."

법안스님께서는 그 말을 잊으셨겠지만 저는 했던 말에 책임을 지기 위해 법안스님 CD를 주변사람들에게 전해주며 인연된 모든 사람들이 행복해지기를 기도했지요. '럭키체인'과 '정말 잘돼' 스티커도 많은 사람들에게 나눠 주었습니다

지장경 법보시 천 권이 목표

법안스님의 '긍정 에너지'가 담겨있다고 하니 받는 사람마다 즐거워했지요. 기도하고 싶다면 지장경을 선물하고, 10대 소원문을 적는 방법과 기도하는 순서 등도 열심히 알려주고 방생공덕에 대해서도 절차와 방법을 일러주었습니다.

단골 떡 방앗간 여사장님은 어깨랑 등이 너무 아픈데 한의원이나 병원에 가도 호전되지 않는다고 하소연했습니다. 얼마 전 남편이 60세도 안 돼 갑자기 돌아가셨으니 상심도 큰데다 고된 일을 하니 여러 가지로 마음이 힘들겠구나 싶어서 위로해드렸지요.

남편을 위한 지장경독경도 권해 드렸더니 눈물을 흘리며 고맙다고 하셨습니다. 가슴에 맺힌 게 있으면 분명 등도 아프고 어깨도 아플 수밖에 없으니 지장경 읽으시고 몸과 마음의 평온을 찾으라고 시간을 함께 했습니다.

지금껏 제가 지장경을 드린 분들은 열심히 기도하고 조금씩 좋아지는 게 보입니다. 물론 많은 분들이 설법전에 소지장보살님을 모셨으며 재수불공 동참, 매월 부산방생 동참도 함께 하고 있습니다. 꼬마지장경은 백 권도 넘게 사서 학생들에게 전했고,

큰 지장경은 오늘까지 33권 째로 법보시했으며 앞으로 천 권의 지장경을 법보시하는 목표로 기도하고 있습니다.

한 사람 한 사람 제 손으로 직접 건네주며 지장경 독경을 권하는 것. 그건 법안스님과의 첫 친견에서 스스로 한 약속을 지키는 것이라고 생각하기 때문입니다. 지장경을 받으신 분들이 릴레이처럼 또 다른 사람들에게 저와 똑같이 지장경 법보시를 하고, 제가 천 권의 지장경 법보시 목표를 달성하는 날, 그만큼 많은 불자들 가슴에는 이미 행복의 씨앗이 싹트고 있을 거라고 믿어봅니다.

2018.11.22. / 1727

칭찬으로
하루 시작

예쁘게 변신중인 달맞이 법당.
천하명당 기도가 잘되는 그곳.^^
12월 방생 때 눈썹 휘날리면서 달려가겠습니다.^^

모든 것에 감사하며, 오늘도 누군가를 칭찬하며 하루를 시작하려고 합니다.
매주 수요일 저녁이면 안심정사 카페로 들어가 큰스님 수요 생방송 법회를 듣곤 합니다.

그리고 포교한 여러 동생들이 추운데 참석했나 꼭꼭 확인도 하고, 안 오면 은근히 톡을 돌리곤 합니다.

어제 수요법회는 포교한 동생 네 명이 참석했더라구요.^^
불보살님 그저 감사합니다.

오늘은 그중 한명 희선 법우님을 칭찬합니다.
작년 여름에 포교한 동생으로 근기가 아주 날카로운 것 같아요. 포교 이후 매일 새벽 지장경 독경. 매주 수요법회 참석. 그 동생이 친구들도 많이 포교했고, 작년에 가피도 엄청 받았답니다.

쌍둥이 두 아이들을 서울 경희대와 홍익대에 입학시켰고, 두 아이들에게 포교하여 가끔 법당에도 데려오곤 합니다.
미래를 이끌어 갈 안심인 새싹들이죠. 더 중요한 건 남편을 포교하려고 노력 중인데, 거의 60프로 예비 안심정사 불자가 되었답니다.

늘 그 동생은 "언니, 고마워 언니 덕분이야"^^
"아니야^^ 너의 노력이야"
모든 것이 큰스님 뵙고 난 큰 행운이었던 것 같아요.^^
아마도 큰스님 소중한 법문 말씀대로 깊은 믿음/ 공경하는 믿음/ 깨끗한 마음이기에 가피가 더욱 빠른 것 같습니다.
저 자비화도 더욱 더 진심으로 다가가고

더 많은 예비 안심정사 안심인들을 포교하도록 힘쓰겠습니다.
정말 잘돼!! 할 수 있어!!

부처님 감사드립니다.
지장보살님 감사드립니다.
큰스님 감사드립니다.^^

제가 말문이 틔었나봐요.^^
어여삐 봐주십시오.^^

2019.01.11. / 1788

정말 잘돼,
정말 잘돼!

터널에 갇힌 그림자처럼 우울하고 힘들었던 나날들이 주마등처럼 스쳐 지나가는 2019년 1월 11일입니다.

늦은 밤이지만 오늘은 이상하고도 묘한 기쁨, 눈물, 행복, 환희에 젖어 신비스러운 부처님 가피를 느낍니다. 암울했던 시간을 오로지 정신없이 기도만 하면서 살았지요. 새벽이면 일어나서 오로지 지장경 독송염불을 하면서 마음이 괴로울 때나 우울할 때도 지장경을 끼고 카페 들어가 글을 공유하며 공부하는 게 하루의 일과였습니다.

오늘은 서울법당에서 재수불공하는 날. 오전에 서울법당 봉사 고문을 하라는 전화를 받곤 금년에는 힘들어서 내년도에 하겠다고 했지요. 하지만 잠시 스치고 지나가는 생각에 아~부처님, 지장보살님 뜻인가 하여 다시 하겠다고 했습니다. 안면마비 증세가 약간 있어서 밤에 못 갈 것 같다고 해놓고는 아픈 것도 괜찮아지겠지 하는 마음에 그저 기쁘기만 했지요.

점심때쯤 등기우편을 받아보니, 우리 가족들의 어두운 그림자였던 3억짜리 국세청 세금이 얼마 전 3800만으로 줄었는데 오늘은 다시 1600만원으로 줄었다는 고지서였습니다. 아마도 최악의 공포였던, 압류 위협이 2년 만에 거의 마무리되어가고 있는 듯합니다. "전에 같이 하던 사무실 대표님, 잘 돼서 세금 3억 해결 되도록 해 주세요"라는 기도소원표를 적어놓고 새벽마다 읽고 기도했습니다.

3억 세금고지서 공포, 기도소원 2년 만에 해결

오로지 살려주세요. 구해주세요. 이루어주세요. 간절한 기도로 오늘 이 시간까지 기도했으나 저는 이렇게 빨리 마무리될 줄은 몰랐습니다. 빨라야 4~5년 걸릴 줄 알았는데, 그것도 과연 이 세금이 해결될 수 있을까? 3억이란 돈이 결코 작은 돈이 아니었기에…막연한 생각뿐이었습니다. 제 눈앞에서 지장보살님께서 불가사의한 기적을 주신 것이지요. 기도에 허송함이 없다고 하십니다.

　우리 법우님들께 전하고 싶습니다.
　긍정으로 열심히 정성을 다해 공양하고 법안 큰스님 법문대로 간절한 마음으로 하시면 어느새 우뚝 정상에 와 있을 겁니다. 지장보살님이 제 눈물을 닦아주시면서 한 개씩 한 개씩 다 이루어주시고 계십니다. 한 치 의심도 하지 마시고 정성으로 하셔야 합니다.

　이젠 저의 남편 국세문제 한두 달이면 0원으로 마무리되고 마음이 편해지면 모든 일이 술술 잘 풀리게 될 겁니다. 제가 꼭 하고 싶은 일은, 돈복이 터져서 불사 보시할 수 있는 일등 가는 안심정사 불자가 되는 것입니다. 법안 큰스님 긍정의 법문.
　정말 잘돼! 할 수 있어!!

　이 시간 글을 올리면서, 그동안 남의 말처럼 들렸던 '불행 끝 행복시작. 성공시작 실패 끝'이란 말이 오늘은 내 앞에 주인공이 된 축복의 단어로 들립니다. '정말 잘돼!'가 꿈처럼 정말 잘돼 가고 있어요. 법안 큰스님! 부처님! 고맙습니다.

제2장

기도와 갈등

- 기도
- 두 번째 회초리
- 불행 끝! 다시 시작
- 세 번째 49독 회향
- 정말 멋진 불교
- 처음으로 철야기도
- 바뀐 운명을 바꿀 수 있나?
- 아빠~! 죄송합니다
- 다음 생生도 지금의 남편과
- 소원표 7번을 이룬 날
- 안심정사 중양절 합동천도 불공
- 계룡산 산신기도 중…
- 산신기도 가피와 약사불공
- 합동천도재 시간에 동생 꿈을

2018.01.11. / 1382

기도

새해 초 집안사람들이 모두 모이기로 했는데,

감기 들었다고 일정을 바꿀 수도 없어 시댁인 산청으로 향했습니다.

인시 전에 기도 올리고 새벽에 출발하려니 체력에 무리가 좀 오는 것 같았지만, 문제는 시댁에서는 기도를 할 수 없었다는 것이지요.

며칠 머물면서 자정 가까이 되어야 시간이 났으나, 모두 여자와 남자 팀으로 방을 나눠서 자게 되니 기도하려고 전등을 켤 수가 없었습니다. 집으로 돌아와서도 한밤중에 짐 보따리를 풀다 보니, 하루도 거르지 않았던 지장기도를 6일이나 못하고…

어쩌나? 그래도 6번 독경은 며칠이면 할 수 있으니 힘내자고 다짐할 수밖에.

그 다음날 인시부터 하루에 3번 기도를 올려 3일 만에 그동안 못 올렸던 횟수를 다 채웠지요. 집의 처사는 "감기로 몰골이 말이 아닌데 잠도 안 자고 무슨 기도하느라 고기도 안 먹고 풀잎만 몇 달째 먹었으니 이제 죽게 됐다"고 난리를 쳤답니다.

그 이후 식사 시간 외엔 체력이 딸려 계속 잠을 잤지요. 꿈을 꿨는데, 검은 먼지가 많이 낀 구부러진 그물망 같은 것을 손으로 펴며 빨리 씻어내야겠다고 승강기를 타고 지하에서 올라오는 꿈이었죠. 아침 차리면서 생각하니 기침 감기가 좀 나으려나 하는 생각이 들었습니다. 기운이 없어서 하던 대로 유튜브로 지장 정근을 들으며 다시 누웠지요. 그렇게 잠자리에 드는 게 습관이 되어버려 자다가도 어렴풋이 정근 소리에 '지장보살'을 부르곤 합니다.

"지장보살, 지장보살" 내가 왜 이리 지장보살을 찾고 있을까?
과연 지장보살이 뭘를 어떻게 나에게 해줄 수 있을까? 지금 이 나이에 내가 뭘 원하고 있는 것인가? 그냥 눈물이 나고 외로

웠습니다. 눈물을 닦으며 깜박 잠이 들었는데, 어디선가 "애야~!" 하고 부르는 인자한 어르신의 목소리가 들렸지요.

"예~" 대답하면서 눈이 떠졌는데, 쉽게 눈을 뜬데다 정신도 아주 맑아졌습니다. 벽시계는 2시 3분, 정확히 꼭 1시간을 잤을 뿐인데 너무나 이상했지요. 집안 어른이신가? 생각했는데, 집안 어르신들은 항상 저를 '아가야!'라고 불렀으니, 인척관계가 아닌 다른 어르신이 부르시는 것으로 생각했습니다.

이 미미한 생명의 기도에 응답하신 지장보살님

이틀이 지나서도 귀에 여운이 맴돌며 그 기운이 느껴졌어요. 근엄하면서 따스하고 위엄 있고 부드럽게 크지도 작지도 않은 목소리. 누가 잠을 깨우면 놀래거나 신경질적인 제가 "애야~" 그 말 한마디에 공손히 "예~"라며 즉시 편안히 잠을 깨었으니…

"예?"가 아닌, "예~" 라고. 평생 이렇게 부드럽고 순종적인 대답을 어느 누구에게도 하지 않았으니 스스로도 '내가 이리도 공손한 대답을 할 수가 있었구나!' 놀랐지요.

그래, 일어나자! 어떻게 나에게도 지장보살님 분신이 오셨을까? 아마 불쌍한 중생의 기도가 측은하여 호법신장님께서? 도저히 제 생각으로 헤아리지 못하지만 이 미미한 생명체 하나라도 보듬어 주시려는 지장보살님의 원력이 아닐까 하는 생각에 기운이 좀 났습니다.

요즘 여러 가지 잡다한 생각으로 기도에 대해 한 번씩 왜? 라는 의문을 느낄 때가 있었는데, 얼른 옷을 두껍게 입고 영양 주사를 맞고 집에 와서 저녁 기도를 올렸지요. 2주째 법회에 가지 못한 채, 아직 체력은 딸리지만 감기도 많이 나아지고 마음이 편안해져 이렇게 신행담을 올려야겠다는 생각이 들었던 것입니다.

큰스님과 법우님들 그리고 저의 도반에게 감사드립니다.

2018.02.03. / 1391

두 번째 회초리

어제, 머리하고 절에 가려고 집을 나섰는데,
차를 타고 보니 생각이 갑자기 변한 겁니다.

"밤에 법회 끝내고 집에 돌아오면 12시가 넘는데, 새벽 3시에 어찌 일어나지?"

미세먼지로 목도 칼칼하니 이번만 빠지고 그 시간 집에서 지장경을 읽자고 생각하며 돌아왔습니다. 일찌감치 저녁 먹고, 느긋이 차 마시고 오랜만에 뉴스도 힐끗 보며 지장경을 꺼내들었습니다.

"거룩하신 부처님과 보살 성문 스님들께…"

합장 삼배 올리고 의자에 앉으니 갑자기 하품이 나오며 눈이 무거워지기 시작했습니다. 갑자기 왜 이렇지? 눈 비비고 타임워치를 습관적으로 누르곤 7시 40분부터 지장경 독경을 시작했습니다.

그런데 갑자기 목이 아파 눈을 떠 보니 얼굴을 책상 앞 모서리에 댄 채 자고 있었던 겁니다. 이마는 모서리에 눌려 가로 홈이 길게 만져질 정도였습니다. 다시 정신 차리고 독경을 하다가 또 갑자기 깜짝 놀라서 눈이 떠졌습니다. 책상 위에 세워놓고 읽던 지장경이 바닥에 떨어지는 소리였지요.

책을 보니 아직도 진도는 1품에서 맴돌고 있었습니다. 절에 안 가는 날 항상 저녁에 지장경 독경하면서 존 적이 없는데 내가 오늘 왜 이러지? 다시 눈을 이리 저리 굴려보며 뺨 한번 때리고 정신 차려서 읽기 시작했습니다.

겨우 1품에서 2품으로 넘어 가는 것이 어렴풋이 눈에 들어왔나 싶더니, 이번엔 몸이 옆으로 넘어가다 책상다리에 다리가 걸려서 가까스로 정신 차려 고쳐 앉았습니다. 오늘 정말 내가 왜 이러지? 큰일 날 뻔 했네. 일부러 입을 벌려 크고 길게 숨을 내뱉고 다시 읽기 시작했지요.

이번에는 누가 웃는 소리에 깜짝 놀라서 눈을 떠보니 제3품 마지막 장을 손에 쥐고 있었습니다. 정신을 못 차리고 머리를 흔들며…

"죄송합니다. 부처님~ 오늘 저녁 지장경은 제가 너무 졸려 정신이 없어서 내일 아침에 다시 읽을게요." 알람을 맞추려고 타임워치를 열어 보니 1시간 17분 53초. 아니, 겨우 3품 읽는데 1시간 20분이나 걸렸다고? 12~3분도 안 걸리는 3품까지? 정말 이상하네~~ 아이 몰라, 난 잘거야.

아침 새벽 기도를 드리면서 문득 초보 불자 때 겪었던 비슷한 경우가 떠올랐습니다. 내가 또 야단을 맞았구나. 단단히 회초리를 맞았구나. 몇 주 전에 감기로 기력이 소진되었을 때, "얘야!" 부르시며 깨워 영양 주사를 맞게 해 주신 그분이 갑자기 생각났지요.

"얘야~~" 인자하신 어르신의 그 느낌, 그 목소리.
70이 넘은 저를 그분은 정말 철없고 천방지축 천지를 모르고 여기 저기 날뛰며 달아나기만 하는 아주 철부지 어린 아기로 보신 것입니다. 오죽 급하고 답답하시면 "얘야~" 하며 부르실까? 바로 앞에 죽음과 지옥 물이 끓고 있는데. 아무것도 모르고 또 희한한 발상을 해내는 겁 모르는 이 어린 중생…

회초리를 맞으니 '참 행복합니다' 라는 생각이 들었습니다.

부처님의 가피를 항상 느끼며 살 수 있는 것이 참 행복 아닐까?

그것을 깨닫게 해주시는 큰스님께 저의 온 정성으로 삼배를 올립니다.

2018.05.15. / 1489

불행 끝!
다시 시작

부처님께 귀의합니다.

안심정사를 안지 엊그제 같은데 벌써 5개월 되었습니다.

머리로만 생각하고 알던 것들을 행동으로 실천할 수 있도록 이끌어 주신 법안 큰스님께 감사드립니다.

운명은 타고나지만, 바꿀 수 있다는 말씀에 자석처럼 이끌려 큰스님께서 가르쳐 주시는 대로 앞만 보고 꾸준히 지장경 기도를 해 왔습니다. 처음 지장경을 읽으며, 참회의 눈물도 많이 흘렸고 환희심의 눈물도 많이 흘리며 하루하루가 희망으로 행복했습니다.

우선 화내는 마음이 빨리 사라졌고, 나도 모르게 화를 버럭 내었다가도 곧 "또 옛날 버릇 나왔네!" 하며 인정하고 미안하다는 말도 먼저 할 수 있을 정도로 많은 변화가 있었지요.

기도 한지 얼마 되지 않아서 소원표에 적은 1번이 이루어지자, 다시 1번으로 올린 소원 역시 이루어지고, 3번 소원도 이루어지려고 기쁜 소식들이 여기저기서 막 생기는 것입니다. 계속 열심히 기도만 한다면 예전엔 꿈도 못 꾸었던 불가사의한 일도 일어나겠다는 엄청난 자신감이 생겼습니다.

친구들이 "넌 부처님의 가피가 엄청 빠른가봐."하며 부러워하고 그 덕분인지 지금은 그들도 모두 지장경을 독경하기에 이르렀지요. 몸과 마음이 그렇게 편안하고 행복할 수가 없습니다. 무쇠 같은 남편에게 조금씩 조금씩 큰스님의 행적도 알려주면서, 은근히 자랑도 하다가 극 존댓말로 공경하니 드디어 지장경을 독경하겠다고 합니다. 2주일이 되었는데 2독은 한 것 같습니다. 저에겐 기적이지요. 언젠가 함께 손잡고 안심정사에 가는 것이 제 마지막 소원이라고 하며 칭찬해 주었습니다.

그러던 중 약 4개월가량 지날 무렵부터 갑자기 문제가 일어나기 시작했습니다. 오랫동안 떨어져 있던 딸의 출현으로 충돌이 나더니 고요했던 마음이 소용돌이치다가, 급기야는 흥분된 마음으로 화까지 났습니다. 우울증도 다시 생겨서 불안하고 공포스럽기도 했습니다. 새벽기도 시간마저 제대로 지키지 못할 정도가 되었지요.

지장경의 13-4, 마지막 품의 말씀이 꼭 들어맞았습니다.
"비록 착한 마음을 내더라도 곧 물러서며, 악한 인연을 만난다면 생각 생각에 악이 늘어난다." 그러나 역시 4개월 동안 열심히 독송했던 지장경의 힘은 위대했습니다. 기도 전 같았으면 그런 일들로 몇날 며칠을 괴로워했을 텐데, 이젠 다음날 지장경 독경을 하면 희한하게도 어제 화를 내었던 부분에 대하여 잘못이 떠오르고 더 좋은 해법을 찾아서 문제된 불화를 해소할 수 있었습니다.

그래서 바로 화합한 후, "이제 잘할게."라고 말하고, 그러다가 며칠 안가서 또 다른 문제로 부딪히면 다시 풀고 그러기를 한 달여 반복했습니다. 창피한 말이지만 아이에게 화나는데 왜 남편은 덩달아 그렇게 미운지, 제가 생각해도 원래 말이 없는 남편이어서 다행이지요, 저 같으면 "저 여편네가 돌았나?" 할 정도로 화냄과 사과를 얼마나 반복했는지 모릅니다.

"엄마가 꼭 사이비 종교에 빠진 것 같다." 하던 딸도 드디어 법안 큰스님의 얘기에 귀 기울여주고, 사촌에게 법안 큰스님이 아주 큰일을 하시는 스님이라고 얘기를 합니다. 가만히 생각해 보니 아마도 부처님께서 나를 너무 기특하게 여기셔서 그동안의 공부를 테스트 하신 것 같아요. 그런 일들에도 감사하며 신이 났었지요. 너무 너무 기대했던 1번 소원이 무산될 때도 힘은 빠졌지만 많은 법우님들의 격려 덕분으로 분명히 더 좋은 것을 주실 것이라고 믿고 마음이 편안해졌습니다.

자만심을 다시 간절함으로

그러나 그것이 아니라는 것을 오늘 알게 되었습니다. 생활법문 제10회, 제목은 '기도하는 방법'이었습니다.

첫째, "단신정좌" 몸을 단정히 하고 바르게 앉는다.
둘째, "구부잡언" 말, 즉 입을 조심해야 한다.
셋째, "의불산란" 마음이 산란하지 말아야 한다.

정신이 번쩍 들었습니다.

아! 그러고 보니 그동안 환희심으로 가득 차서 저도 모르게 편안하게 기도를 했던 것을 알았습니다. 딸아이와 오랜만의 만남이라고 밤늦게까지 이야기하다 보니 다음날 새벽기도를 못

할 때도 당연한 것으로 생각하며 '내일하면 되지' 라고 했지요.

적당히 제 자신과 타협하며 일찍 못 일어난 날도 있었고, 하루 쯤 기도를 빼먹은 날도 있었고, 이제 부처님을 열심히 믿고 지장경을 평생 손에서 놓지 않고, 법안 큰스님 가르침 열심히 듣고, 보시공덕 열심히 하고, 군부대 봉사도 하기로 했으니 이제 다 잘될 것이라는 자만심이 생겼던 것입니다.

처음 안심정사를 찾던 그때의 간절함. 눈물 흘리며 맹세했던 그 애절함이 시간이 흘러가면서 저도 모르게 편안한 마음으로 기도했다는 사실을 알았습니다. 안정된 궤도에 들어섰다고 제 스스로에게 관용을 베풀었던 것 같습니다. 제가 매일 하루도 거르지 않고 큰스님의 법문을 듣는 것이 저를 채찍질하고, 정진하는 큰 힘이 된다는 것을 오늘 다시 깨달았습니다.

그래서 오늘부터 다시 시작합니다.
처음 지장경을 가슴에 안고 돌아오던 그날의 절실함을 일으켜서 새로이 하려고 다짐합니다.

지극한 마음으로 하겠습니다.
정성을 다하여 하겠습니다.

2018. 11. 14 / 1718

세 번째 49독 회향

지난 7월 초 두 번째 49독 회향을 하고
참으로 좋은 일들이 많이 생겼습니다.

가장 좋은 것은 결혼 22년 만에 제 집을 장만한 것이고
딸아이 일본어 시험도 좋은 성적으로 합격하고
우리 가족 간에 서로 대화도 많이 하게 되고 욱해서 다투는 일보다 한 박자 숨을 삼키고 말함으로써 웃을 일이 점점 늘어나고…

매일 매일이 행복하고 좋아진 반면 제가 점점 나태해지기 시작했습니다.

그러다 보니 어느 때부터인가 인시 기도는 전혀 할 수가 없고, 하루 1독조차 못하는 날이 점점 늘어나서 4개월 훌쩍 넘긴 지금에야 겨우 49독을 마쳤습니다.

처음에는 이사하느라 바쁘다는 핑계로, 그 다음은 주말이면 집들이 하느라 피곤하다는 핑계로, 지장경 독송기도 뿐만 아니라 지장정근과 스님 법문도 제대로 듣지 않고 지냈지요.

단지 마음 한쪽에서 기도해야지, 기도해야지 생각만 하고서 편안하고 즐겁던 마음이 조금씩 흔들리기 시작하더니 소원표를 보는 순간 어느새 목표도 없이 지내고 있는 제 자신을 보게 되었습니다.

마음을 다잡아도 쉽게 기도가 되지 않아 힘들게 겨우 49독을 세 번째로 회향하고 처음 시작하는 마음으로 3일 목표/ 7일 목표/ 21일 목표로 다시 기도를 시작하려고 합니다.

2018.02.02. / 1392

정말 멋진 불교

연초라 바쁘다는 핑계로 새벽기도 횟수가 조금 줄어들고 있습니다. 최소한의 안전장치이자 자신과의 약속이니 '하루에 무조건 한 번씩은 읽자'라고 다짐했는데, 잠과의 타협은 어느 정도 진행된 것 같습니다. 이러면 안 되는데~~

큰스님이 항상 법문 중에 말씀하시길
"지장경을 독경하면 반드시 꿈을 꾼다. 인연 영가들이 꿈에 나타나서…"

저도 지장경 독경을 시작한 후 여러 번 꿈을 꾸었지요. 누군지도 모르겠고 무슨 말씀을 하시는지도 모르겠고 해서 꿈을 꾸고 나면 그냥 "지장보살님, 제 꿈에 나오신 영가님들 극락왕생 발원합니다" 이렇게만 했습니다. 그런데 오늘 새벽 꿈에는 최소한 수십 명이 출현하셔서 정신이 없었습니다. ㅎㅎ 너무나 생생해서 아직도 기억에서 지워지지 않네요.

꿈 스토리는 이렇습니다.
제가 어느 집에 머물고 있는데 집안에 각종 세탁된 옷들이 가득 있었고, 어린이 캐릭터 양발부터 어른 파카까지 정말 다양하게 있더군요. 다 깨끗하게 세탁이 되어있는 상태로. 집 바깥을 보니 잘 차려입은 복부인 스타일 아주머니들 몇 분이 서성이면서 얘기들을 하고 계십니다.

누군지 확인하려 나서는데 집 안쪽에서 웅성웅성 소리가 나서 당연히 소리의 진원지로 가 보았죠. 그리곤 갑자기 장소가 바뀝니다. 제가 식당 같은 곳에 있는데 많은 분들이 문 앞에서 들어오려고 밀치고 그러십니다. 제가 일단 문을 닫고 진정시킨 다음.

"들어오시는데 저기 안쪽부터 차례로 앉으세요~~" 라고 하는 순간 몇 분이 들어와서 자리는 잡았는데 식사 서빙은 아직 안된 상태에서 꿈을 깼지요. 그분들이 소리치거나 악의적인 행동이 전혀 없었고 말을 잘~들으셔서 꿈에서 심하게 놀라지 않았는데, 깨고 보니 꿈이었습니다. 근데 유쾌했습니다. 즐거운 꿈이랄까요?

혹시 저의 10대 소원 중 3번째 소원이 성취되어간다는 징조일까요?

3번째 소원은 모든 절에서 예불 시 항상 스님들이 발원하시는 내용입니다.

"조상영가님과 호국영령님과 일체의 무주유주 영가님들이 극락왕생하십시요"

우리 불교 참 멋지지 않습니까? 이런 내용을 발원할 수 있다니요~~

2018.09.30. / 1669

처음으로
철야기도

토요일 4시 근무를 마치고 부랴부랴 언니를 따라 3시간 반이나 걸려 안심정사에 도착했습니다. 예상보다 더 빨리 도착했지요. 주말 저녁 차량이 많을 것을 예상해서 재수불공은 참석 못하더라도 철야기도나 한번 해보자란 마음으로 달렸는데, 어찌 된 일인지 서울시내만 막히고 고속도로는 뻥뻥 뚫렸네요^^

안심정사 도착해서 종무소에서 부산방생/ 제주수륙재/ 중양재 등등 신청하느라 좀 늦게 큰스님 법문 중간에 들어갔지요. 이후 바로 철야기도 시작~!

먼저 씻고 편한 옷으로 갈아입고 약사여래불 정근을 시작으로 철야기도 분위기에 조금씩 적응해 나갔습니다.

철야기도를 유튜브 생방송으로 살짝 본적은 있는데 실제로 그 공간에 함께 있다 보니 좀 신기한 느낌이었지요. 생각보다 엄~청 열정적인 분위기라 저와 언니는 뭔가 겉도는 느낌이었어요. '내가 그만큼 간절하지 않아서 이런 건가?' 싶기도 했고 '처음이니까 분위기 적응만 하자'는 마음도 들었어요.

지장경 기도 시작한지 이제 47일. 인시기도 하면 하지 왜 못해! 라며 자신 있게 시작했는데 이건 일어날 때마다 나와의 싸움이었지요. 그나마 다행인 건 언니가 함께 해주었고 또 언닌 일어나는 거에 힘들어하진 않아 기도하자고 밀어붙인 저에게 원망하는 말 한마디 한 적 없고 오히려 당연하게 일어나 함께 해주니 정말 고마웠습니다.

사실 언니는 엄청 잠보인데 11시에 자든 12시에 자든 3시 반이면 군말 없이 일어나는 것이 신기했지요. 더구나 별달리 눈으로 보일만큼 지장보살님 가피를 받은 적 없는데도 어쩜 저럴 수 있지? 제가 더 당황할 정도였지요. 왜냐하면 전 아침마다 일어나는 게 꽤나 힘들었거든요.

그럼에도 하루도 빼지 않고 기도를 계속 해나가는 건, 이제껏 살아온 것처럼 도로 희망 없는 삶으로 돌아가는 것만은 정말 싫었던 것입니다. 피곤하단 이유로, 잠이 달다는 이유로 이불속에 감싸여 있을 순 없다는 게 저와 언니의 공통된 생각이었지요.

불교는 그냥 부처님 오신 날 연등 다는 것으로 일 년 동안 안 좋은 일 다 막아주시겠지~ 하는 막연한 생각만 갖고 있었습니다. 그마저 절에는 가지도 않고 전화로만 신청했으니, 당연히 부처님 말씀도 몰랐고 알고 배워야 한단 생각도 해본 적 없었습니다.

처음 시작은 유투브를 통해 법륜스님 '즉문즉설'을 보았고, 연관 동영상에 오른 '소나무'를 한번 두번 보게 되니 불교에도 기도란 게 있다는 것을 알게 되었습니다. 밤에 공원 운동하면서 신기한 가피 이야기 듣는 게 정말 재밌었고 하루에도 2~3편씩 보게 되면서 100회가 넘는 '소나무' 에피소드도 다 봐버렸지요.

그러다 법안스님 동영상이 관련동영상으로 자주 오르는 것을 보게 되고 영상 속 스님은 제 생각에 꽤 화려한 법복을 입고 계셨는데 솔직히 뭔가 제 고정관념에 박혀있는 스님의 모습과는 달라서 거리감이 느껴졌었어요. 이건 정말 첨에만 그랬어요! 지금은 아닌 거 아시죠? 그럼에도 나중에 인연이 닿으려고 그랬는지 동영상 여러 편을 계속해서 보고 있는 자신을 발견하게 되었습니다.^^

🛆 논산 출신인데 법안스님도 모르다니

제 고향이 원래 논산 연무대예요. 그 앞 연무고를 나왔는데, 근데 이제사 스님을 알게 되다니… 아니 이제라도 알게 되어 정말 정말 다행이겠죠. 복입니다. 저에겐.

사실 당장에 급히 해결해야 할 일이 있는 것은 아니지만 살아오는 동안 뭔가 시원하게 일이 풀린단 느낌은 없었고 결혼도 금방 이혼으로 끝났습니다. 사람에게 정말 구하는 것은 주어지지 않는 것인가? 하는 부정적인 생각만 가득했어요. 어떤 일에도 의욕이 안 생기고 다 놔버린 듯한 저를 변화시킨 것은 부처님 말씀이에요. 또 그 말씀을 범부중생이 충분히 알아들을 수 있게 설법하여주신 여러 스님들. 그중에서 제게 희망을 가득 주신 법안스님! 정말 감사합니다.

일요법회에서 스님이 활짝 웃으시며 환영한다고 인사해주셨을 때 저~ 연예인 본 것 같았어요. 소리만 안 질렀지 진짜 신기했어요.^^ 사실 지장기도 시작하고 초반엔 이 기도가 정말 변화를 만들 수 있을까? 지장보살님이 계신 건가? 부처님은 가르침을 받들랬지 부처님 자신을 받드는 것을 원치 않는다고 했다는 책 속의 말들도 제 맘속에 있던 의심에 부채질했고 그로 인해 기도 중에 온갖 망상이 피어오르곤 했었죠. ㅎ

아버지가 만성중이염으로 고름이 엄청 나왔는데 언니와 함께 완쾌되기를 소원표에 적고 꼭 이뤄지길 기도했어요. 처음 중이염 발견됐을 때 동네 원장님이 대학병원에서 수술을 권하셨는데, 일주일 후 다시 보곤 "지금은 많이 좋아졌다. 고름 뺄 것도 없고 귀에 넣는 물약도 일주일만 더하고 중단해도 좋겠다"고 해서 이게 바로 지장보살님 가피가 아닌가하는 생각이 들었습니다.

알게 모르게 이런 가피를 받았는데 어떻게 기도를 게을리 할 수 있겠어요.^^

지금은 지장보살님이 제 옆에 계시단 것도 믿고 제 업을 소멸하기 위해 법안스님이 마련해주신 복 밭에서 복 짓기에 열중하려 합니다. 힘들어도 할 수 있는 한에서 꾸준히 하렵니다.

저 같은 초보불자 여러분!!

간혹 의심하는 마음이 들어도 그것에 너무 마음 쓰지 말고 그냥 해보세요. 마음은 1분 동안에도 수십 가지 갈래 길로 갈라져 온갖 부정적 결론에 이르니, 아직 성공의 경험이 부족한 저와 같은 불자라면 그것은 당연한 흐름이라고 봅니다. 그런 생각이 드는구나~ 하고 아침에 일어나면 세수하는 것처럼 일상으로 만들어버리세요.

그럼 시간이 얼마나 걸리든지 조금씩 불보살님의 가피가 긴가민가하게 나타날 거예요. 그것에 힘을 얻어 간절한 마음을 더하게 되면 다른 법우님들의 가피 사례처럼 기적을 경험하게 되지 않을까 생각합니다.
저 또한 그 마음으로 정진할 거구요.^^

우리 같이 파이팅! 해요.
할 수 있어! 정말 잘돼!

: 2018.03.22. / 1439

바뀐 운명을
바꿀 수 있나?

저는 8년 전에 안심정사와 인연이 닿았습니다.
첫 번째 기도는 이루어지지 않았지만, 그래도 기도했지요.
기댈 곳이 없었기에…
'부처님 제발 들어주세요' 라는 마음가짐 하나로 기도했습니다.

기도 중에 느끼는 환희는 한없이 크고 부처님 덕에 마음이 든든했지요. 그런데 현실은 저 바닥 밑으로 내려가다 못해 곤두박질쳤습니다. 대체 내 업이 얼마나 무겁길래, 그토록 기도하는데 왜 불보살님들은 날 외면하나?

시키는 거 다 한 것 같고, 하라는 거 다 한 것 같은데 대체 왜?
재수불공 3년이라는 언약도 악착같이 지켰는데.
이 공덕은 한강물에 소금인가?
방생은 왜? 굳이 잡아서 또 놔줘야 하는데… 등등.
그래도 기도했습니다.

여기서 중요한 것은 기도가 이루어지지 않는 것에 대한 푸념이지 불보살님에 대한 원망은 아니었습니다. 내가 왜 하필 불교와 인연되어 내 업장으로 현실도 뭐 같은데 거기에 자괴감까지 얹어버리나? 이번 생에 소원은 포기해야 하나. 아니면 이번 생도 포기해야 하나 라는 생각에 휩싸여서, 죽도록 힘들었죠.

이런 고통을 감내하며 108배를 하는데 문득, 뭐가 잘못되었을까? 분명 내가 놓친 것이 있을 텐데… 라는 생각이 들었습니다. '분명히 놓친 게 있을 거다.' 라고 생각하며, 큰스님 법문을 8년 만에 다시 듣기 시작했죠.

그렇게 법문을 듣고 기도하며 악착같이 매달리는데도 현실은 여전히 해결될 기미가 안보이더니, 문득 샤워하다가 깨닫게 되었습니다.

예전의 소원표를 보니 소원이 이미 이루어진 걸 발견하게 되었지요. 아! 내가 제정신이 아니구나. 이미 이루어진 것도 모르고 내가 만든 환경에 집착해서 '부처님은 왜 안 해주실까?' '내 업장의 무게는 얼마일까?' 라는 생각만 하고 있었습니다. 이루어진 게 보이지 않았으니 감사하지도 않았던 겁니다.

운 좋게 인간세상으로 온 아귀와 수라

참 무량대죄였지요. 알고 나니 큰스님 법문을 듣는 데 신이 났습니다.

현실 환경을 지옥으로 만든 게 내 자신임을 진심으로 인정하자. 이 현실을 바꾸기 위해, 그리고 내 운명을 바꾸기 위해, 진짜 안락해지기 위해, 조금 더 노력하자. 기도하자, 공덕 쌓자.

내가 이번 달에 할 수 있는 게 과연 뭘까?

우선 만선공덕회/ 불경공덕회/ 지장보살 조성불사에 제 이름부터 올렸습니다.

그동안 저를 미치도록 힘들게 한 두 분께 부처님 법을 알려드리려 마음먹고,

부디 복 받으시어 하시는 일 성공하라고 진심으로 축원드렸지요.

지옥에서 극락까진 아니지만, 그렇게 인간 세상에서 바라보는 아귀세계와 수라세계를 빠져나왔습니다.

제가 전생에 아귀와 수라였는데 운 좋게 인간 세상에 태어났나 봐요.

제 눈에 수라로 보인 한 분은 BTN 법안스님 법문을 먼저 듣도록 했는데,
어느 순간부터 팬이 되더니 발심하여 새벽 2시 반에 일어나서 3시부터 스님 법문을 듣고 이젠 소원을 빌고 계십니다.
이분께는 곧 지장경을 사서 선물할 생각입니다.

제 눈에 아귀로 보인 분에겐 〈걱정 말고 기도하라〉 책을 선물했습니다.
그간 내가 먹은 마음 죄송하다고 말씀 드린 후, 진심으로 잘 되시길 바라고 기도하시라고. 그렇게 세상 보는 눈을 바꾸고 나니 모든 일들이 희한하게도 잘 풀려갑니다.

마지막으로,
시작할 때 법문과 기도를 동시에 병행해야 한다는 걸 많은 분들께 알리고 싶습니다. 지금 이 기도를 왜 해야 하는지. 이루려면 어떻게 해야 하는지.
법문을 듣고, 공부가 되어야만 이해할 수 있게 됨을 알았으

니까요.

저는 아직 중생이라서요.^^

긴 글 읽어주셔서 너무 감사드립니다.

2018.11.09. / 17:09

아빠~!
죄송합니다

저는 지장경 13품을 눈으로 속독을 해왔습니다. 출퇴근길에는 법문을 들으며 '지장보살 지장보살' 염송하며 다녔지요.

어느 날 문득, 글자를 읽기보다는 지장보살님께서 제게 뭐라 말씀을 하시고 계신 걸까? 의문이 생기면서 '묵상하며 읽자. 천천히 가더라도…'라는 생각이 들어서 어젠 1품을 곱씹고 또 곱씹으며 읽고 기도했습니다.

사실 한편으로는 13품을 다 안 읽었는데 기도가 응답 안 되면 어쩌지? 라는 불안감도 있었습니다.

하지만 그런 조급함은 내려놓기로 했지요. 한 글자를 읽더라도 '지장보살님께서 제대로 내 삶 속에 적용하며 살길 바라실 거야~'하고 마음 내려놓고 묵상을 했습니다. 바라문의 딸이신 지장보살님께서 지옥에 계신 어머니를 위해 그리도 간절하게 기도하는 모습이 눈과 가슴에 꽂혔습니다. '지장보살'은 여태 그냥 스쳐가는 문구였는데, 나라면…? 하고 의문이 들기 시작했습니다.

저는 사실 친정아빠를 많이도 미워했습니다. 항상 가부장적이고 매일 술 드시고 들어와 집에 돈도 안 주셨기에 엄마가 소일거리를 구해 저희를 키우셨지요.
커가면서 아빠를 더 무시하고 가족모임에도 빼고 소위 왕따를 시켰습니다.

아버지 삶 이해하며 사랑하기까지

저는 지장보살님 같은 효심도 없는 자식입니다.
그러면서 보리심이 있는 마음이 있을 리 없다는 자신을 보게 되었지요.
정말이지 엉엉 울며 가슴 깊은 곳에서 눈물이 나기 시작했습니다.
그런 아버지가 없었다면 저는 이 세상에 태어날 수도 없었다는 사실과, 아버지의 삶을 이해하며 사랑할 수 있어야 한다는 마음이 진정한 포교라는 것을 깨달았지요.

가슴 깊이 느껴오며 항상 아버지 문제만 나오면 아직은 아빠랑 화해가 먼 길일 거야 하고 밀어두었습니다. 하지만 경전을 곱씹어 읽고 또 보니, 저의 문제를 돌이켜볼 수 있게 해주신 것 같아서 이 글을 올리게 되었지요. 너무나 기쁘고 감사하고 죄송하고 사랑한다는 말이 가슴에서 마구 나옵니다.

지장보살님! 귀하고 소중한 것을 깨닫게 해주심에 감사합니다.
법안 큰스님, 항상 좋은 말씀주시고 이런 말법시대에 부처님 뜻을 전해주시는 스님이 아니셨다면, 저는 아직도 제 잘난 맛에 지옥에서 살았을 겁니다. 언제 법당에서 스님을 뵈면 끌어안고 울지도 모르겠습니다. 너무 감사해서요.

이렇게 함께 기뻐해주시고 슬플 때 위로해주시는 안심정사 법우님께도, 용기주시고 위로해주시는 힘으로 하루를 걸어가게 해주심에 깊은 감사를 드립니다.
토요일에 저희 서방님과 딸과 서울 법당에 가려구요.
잠시 들러 부처님께 인사드리고 와야겠습니다.

2018.01.27. / 1389

다음 생生도
지금의 남편과

저는, "다음 생도 저와 살겠다"는 신랑을 부정하며 다음 생은 '현빈'하고 살 거라고 대답합니다. 심지어 "다음 생은 하늘세계에 태어나 사람 몸을 받지 않겠다"고 까지 말합니다.

그러면 신랑은 "저의 바짓가랑이라도 잡고 천상에 태어나겠다"고 우겨댑니다. 열 번이면 열 번 다 저와 살겠다는 신랑을 어떻게라도 떼어내려고 별의별 소리를 다하곤 합니다.(진담 반 농담 반)

어느 날 꿈을 꾸었습니다.
초등 동창 남자애가 저를 좋아하는 눈칩니다. 제가 좀 쌀쌀

맞은 성격이라 그런지 꿈에서도 "너 나 좋아하냐?"고 물으면, "꿈도 꾸지 마라. 나는 이번 생도 다음 생도 지금의 남편밖에 없다"고 못 박습니다. 잠을 깨서 꿈 얘기를 해주면, 신랑은 좋아하며 "그것 봐라. 넌 어쩔 수 없이 다음 생에 나를 만날 수밖에 없다"며 입이 귀에 걸립니다.

지난주 남편은 100독 저는 21독 지장기도 입재하고 일요일에 회향했습니다. 얼마 전 법회 때 큰스님께서, "지금까지 하루 지장경 20독이 최고기록이며 당분간은 안 깨질 것 같다"고 말씀하시기에 신랑에게 말해주었습니다. 우리가 한번 기록을 깨보자고 시작했던 것입니다.

그러나 지장경 12품 16절 말씀은 제 신랑의 얘기였습니다.
"이 사람의 묵은 업장이 소멸되지 않아 대승경전을 독송할 성품이 없기 때문이다."
그래서 기도는 너무도 힘들고 고됐습니다.
끝가지 포기하지 않고 회향한 신랑에게 고마운 마음입니다.

아들도 다음 생에 엄마·아빠 아들로

신랑 소원표 중에 하나는 좋은 남편, 좋은 부모, 좋은 아들이 되는 것입니다. 신랑이 부모님을 챙기는 모습에 다음 생을 함께 하기로 마음먹었습니다. 아들도 다음 생에 엄마·아빠 아들이나 딸로 다시 태어나겠다고 합니다. 신랑의 착하고 선한 마음이 감동을 주기 때문입니다. 저는 다음 생을 신랑과 선남·선녀로 만나보려 합니다.

가끔 신랑이 찡그린 제 얼굴을 보면서,
"이렇게 예쁜 얼굴을 하면 나보고 어떻게 하라고?"
이렇게 말하면 저는 더 이상 화를 낼 수가 없습니다.

저희는 죽을 때까지 기도하기로 했고, 지장경을 매일 1독씩 읽다보니 어느 때부터인가 주변에는 좋은 인연들만 모이게 되고 집안이 늘 평안하고 안락하며 행복하다 느끼며 살았습니다.

그런데 짧은 시간 하루에 최대한 할 수 있는 만큼 기도해보니, 평소에 느끼지 못한 것들이 보입니다. 기도는 초심자에게 더 배워야 한다는 생각을 갖게 됩니다. 처음 기도할 때는 소원성취가 빨랐는데, 그만큼 순수하고 집중해서 기도한 때문인 것 같습니다. 10년 가까이 기도하다보니 아만심만 가득했다는 걸 알게 되었습니다. 참회합니다.

감사공양은 삶을 풍요롭고 넉넉하게 하며, 지혜를 얻고자 한다면 법문을 많이 들어야 하는 것도 느꼈습니다. 혹시 소원성취가 안 되시는 분들은 잠시 멈추고, 본인이 기도를 잘 하고 있는지 점검해 보시는 것도 좋을 듯합니다. 그 답은 지장경 속에 또 큰스님 법문은 물론 법우님들이 올리는 글속에도 있음을 깨닫게 될 것입니다.

2018.04.18. / 1464

소원표 7번을
이룬 날

작년 여름입니다.

승진 공부하며 하루 한 품씩이라도 읽어보라고 동기가 지장경을 선물로 주었습니다. 승진 준비로 인해 다른 걸 생각 못했던 저는 올해 1월 시험을 치르고서야 지장경을 들었지요.

그렇게 저의 기도가 시작되었습니다.

처음엔 합격을 바라는 마음으로 3일 기도 올리고, 다음엔 생각나는 대로 소원표 적어서 또 20여 일 기도를 올렸습니다.

법안 스님 친견 후 아이들을 위해 약사재를 올리란 말씀에 약사불공 전까지 49독을 하며 인시 지장기도를 올렸습니다.

이 방법이 맞나하는 생각이 들기도 했지만 퇴근길에 유튜브로 법안 스님 생활법문, 신해행증 법문을 찾아 들으면서 기도를 이어갔지요.

제 남편도 아내 말을 잘 따라주는 편이라 절에 한두 번 따라와 지장기도 올리거나 평소 차 안에서 기도를 올렸습니다. 하지만 목요 재수불공에 오는 걸 꺼려하는 듯 했고, 어떤 때는 법당에는 안 들리고 차에서 기다리며 늦게 내려왔다고 짜증내기도 했습니다. 이 핑계 저 핑계 대면서 절에는 오지 않으려고 했지요.

그래도 같이 지장경을 독경해주는 것에 감사했습니다.

며칠 전 월요일부터 남편과 함께 출근길 차 안에서 생활법문 CD를 듣기 시작했습니다. 사무실이 달라서 저를 먼저 내려주는데 가는 길에 더 듣고, 일하면서 더 듣고 하여 이틀 만에 벌써 9강 정도까지 들었다고 뿌듯해 하며 말했습니다. 엄마에게 숙제 다 했다고 자랑하는 아들 같아 보였지요.^^

진작 들을 걸 후회되었지만 지금이라도 감사했습니다.

그러다 어제, 남편과 저는 지장기도에 대해 이야기 나누었습니다. 분명 제가 지장경을 더 많이 읽었음에도 내용은 남편이 더 많이 알고 있는 듯 보였습니다.

"13품에 이렇게 나와 있다. 지장경을 읽게 되면 인간에게는 28가지 이익을 차근차근 쉬운 것부터 차례로 주어 결국 부처가 되게 하고, 신들에게는 7가지 이익을 굵직굵직하게 주어 부처기 되게 한다"고 말했습니다.

남편은 지장경 독경을 하면서 마지막 13품에서 이해가 안 되었다고 합니다.
왜 이익이 다른지 이상하다며 몇 번이나 읽어보니, '선남자·선여인'과 '하늘·용·귀신들'에게 각각 다른 이익을 주는 것 같다고 합니다.

그러면서 생활법문CD를 듣고 법안 스님께서 "소원표를 적고 기도하라"는 말씀이 거북스러웠는데 왜 정확한 기도목표를 정하고 기도하라 하는지도 알게 되었다면서 앞으로 재수불공에도 참석하겠다고 합니다. 야호!^^ 속으로 만세를 외쳤습니다.

부처님, 불보살님, 법안 스님 감사드립니다.
드디어 저의 (7)번 소원이 이루어졌습니다. 제 (7)번 소원이 "저희 남편 법안 스님 법문 잘 듣고, 지장기도 열심히 하게 해 주세요"라는 것인데 정확하게 들어주셨습니다.

평소 남편은 불교와 현생은 믿지만 전생과 내생은 믿지 않는다고 언제나 말해왔던 사람입니다. 그런데 이제는 "어떤 조상님께 이 공덕을 회향합니다"라고 조상님 한분 한분을 향해 콕콕 찍어서 축원을 하겠다고 합니다.^^

부처님, 불보살님, 법안 스님 다시 한 번 감사드립니다.

비록 저는 아직도 옆 사람 잘되면 배가 살살 아프기도 하고^^ 나는 왜 아직 복을 못 받는지 생각할 때도 있지만… 어느 분 말씀처럼 직장 잘 다니고 자식들 착하게 잘 자라고 있으니 앞으로 남편과 합심기도 하면 좋은 일 가득할 것이라는 생각이 듭니다.

또 법안 스님 통해서 행복한 불교를 만나서 너무 감사합니다. 전생 업 때문에 '불행한 불교'가 아니라 전생 업을 알기에 현생과 내생을 위한 '행복한 불교'를 만났으니 말입니다.

눈에 보이는 것만이 진실은 아닐 거라 생각합니다. 인간의 눈에 보이지 않는 것이 분명 존재할 거라고 믿기에 앞으로도 더욱 열심히 기도할 생각입니다.

감사합니다. 긴 글 읽어주셔서 감사합니다.

모든 분들 성불하세요.

2017.11.28. / 1345

안심정사 중양절 합동천도 불공

따뜻함이 그리워지는 계절.
지장경 독경기도로 모든 소원 성취하시어 더욱더 따뜻하고
근심걱정 없이 행복한 세상이 되었으면 좋겠습니다.

카페에 글을 올리는 시기가 늦은 감이 있지만,
법우님들 모두 큰 복을 받기를 바라는 마음에 용기 내어 두서없이 적어봅니다.

평생 지장경 기도하기로 원을 세워 기도생활한 지 어언 1년입니다.
그동안 저의 건강도 좋아졌기에, 동네 아파트상가 마트에서

일하고 있지요.

친구의 갑작스런 교통사고로 대신 계산대 일에 투입되어서 오후 3시부터 8시까지 근무하는데 다행히 제가 일하면서부터 고객이 늘고 친절하다며 칭찬이 자자합니다.

입원 중인 친구를 도와 잠시 일하기로 했는데 쭈~욱 도와달라고 부탁을 하네요. 시급제기에 많은 돈을 받는 건 아니지만 5시간 근무라 건강에 큰 문제 생길 걱정 없고, 출근시간 1분에 교통비도 안 들고, 출근복장 신경 쓸 일 없으니 당연히 일해야겠지요. 적은 액수지만 저에겐 알짜배기 수입입니다. 모두가 지장보살님 도우심과 법안 큰스님 가르침으로 가능한 일입니다.

진심으로 고객님께 인사하지요. "어서 오세요! 안녕히 가세요! 감사합니다!" 내가 몸담은 마트에 돈 쓰겠다고 오시는 고객인데 어찌 소홀히 대할 수 있으며 여러 가지 반응에 불만스럽게 대할 수가 있겠습니까. 진심으로 고객을 대하고 최고의 친절을 베풀다보니 주위에서 마트를 인수해 직접 운영하라고 하시기도 합니다. 모두에게 감사 감사하지요.

잠시 저의 자랑으로 글이 흘러갔네요.

이제부터 본론으로 들어가 말씀드리겠습니다.

언제나처럼 지장경 독경기도를 했고, 시댁과 친정의 태아영가천도를 위해 종무소에 안심정사 중양절 합동천도불공기도를 접수했지요. 이틀 뒤 지장경 독경 기도 중 허리골절로 병원에 입원 중이신 시어머님이 생각났습니다. 어머님 친정은 조상님들의 제사를 모시지 못했습니다. 그래서 그 업이 모두 어머님께 무겁게 쌓여서 그동안 어머님 인생이 그렇게 힘이 드신가 싶었지요.

지장독경 기도와 보광명전 앞마당의 영가님들

종무소에 합동천도불공기도를 신청했고 다음날 지장경 독경 기도에 저의 외가댁도 신청을 했지요. 양가의 여러 영가님들을 초대해놓고 그냥 보내기 죄송해서 형편껏 떡공양도 올렸습니다. 그날 밤 꿈에 안심정사 보광명전 마당에 끝이 안 보일 정도로 많은 사람들이 한 줄로 서 있는 모습을 보았지요.

어쩜 그리도 질서정연하게 한 줄로 서 있는지… 무슨 뜻의 꿈인지 몰라서 궁금했는데, 안심법우님과 대화중 9.9절 합동천도재에 오신 영가님들이 아닐까라는 쪽으로 의견을 모았습니다. 그 말을 듣고 집에만 있을 수 없어서 동네 절에 가서 지장보살님께 눈물바람으로 생떼를 쓰며, 안심정사 보광명전 마당에 서 계신 모든 영가님들을 법안 큰스님의 원력으로 모두 천도시

커달라고 간절히 기도했습니다.

주말마다 남편이 동행했는데, 두어 달 전 선약이 있어서 아들과 함께 9.9절 행사에 참석했습니다. 논산 안심정사에 도착해서 불보살님께 인사올리고 설법전으로 가려고 서둘러 보광명전 앞에 도착했을 때 깜짝 놀랐습니다. 큰스님께서 그동안 쭈~욱 설법전에서 법회를 하시곤 했는데 오늘은 보광명전에서 합동천도불공을 드리고 계셨습니다.

어머나 세상에~~ 그래서 영가님들 모두 후손들이 접수한 순서대로 보광명전 마당에 한 줄로 서 계셨던 모양입니다. 지장경 기도 후 꿈으로 보여주셨으니, 영가님들의 천도를 누구보다도 간절히 빌고 또 빌고 눈물을 훔쳐가며 지장보살님께 애원했습니다. 그렇게 9.9절 행사를 마치고 이틀 뒤 아팠던 옆구리의 통증이 감쪽같이 사라졌습니다.

지장보살님께서 선망조상과 태아영가 유주무주 모든 영가의 천도를 할 수 있도록 지혜를 주시고 법안 큰스님의 크신 원력으로 천도가 되니 이보다 큰 축복이 어디 있겠습니까? 감사의 뜨거운 눈물이 하염없이 흘렀습니다.

소원표에는 내년 백중 9.9절에 영가옷 천 벌 올릴 수 있도록 해달라고 적고 기도 중입니다.

법우님들 모두 따뜻하고 인정 넘치는 계절, 겨울이 되길 축복합니다.

2018.11.17. / 1722

계룡산 산신기도 중…

계룡산 산신 기도 중 신기한 일이 있어서 법우님들과 공유하고자 이 글을 올립니다.

우리 언니는 지장기도로 영이 맑아져서 삼매에 들 때마다 신기한 체험들을 보게 된답니다.
오늘도 계룡산 산신기도 중 약사전과 천진보탑에서 염불 중 삼매에 빠져 본 모습들이 신기해서 공유하고자 합니다.

계룡산 약사전에서 약사여래불 염불 시 잠깐 삼매에 들었는데, 약사여래 부처님이 나오셔서 손을 쫙 뻗쳐 법우님들이 올린 공양물을 다 걷어가셨답니다.

그리고 천진보탑에 가서 석가모니불 염불 시에는 더 신기한 것을 보았답니다.

천진보탑 바위에서 연기가 나면서 바위가 갈라지고 석가모니 부처님이 나타나셨다 하네요. 법안스님도 함께 나오시더니 미소 지으면서 스님이 기도하는 천진보탑 주위를 한 바퀴 도셨데요. 그 순간 빛이 나더니 법안스님이 손을 뻗쳐 법우님들을 다 감싸면서 보듬으셨다고 합니다. 다 잘되라고 하시는 것 같았답니다.

또 천진보탑 주변에 스님 두 분이 바위틈에서 고개를 내밀며 기도하는 법우님들을 유심히 보고 있으셨고, 영가님들도 나타나셨는데 짧은 스포츠 머리를 하고 옷은 벗은 채로 두 줄로 걸어서 산 위 기도하는 쪽으로 지나가셨어요. 마지막으로 본 모습은 도로가 뻥 뚫린 모습을 보셨답니다.

대구분들은 이 얘기를 전해 들으면서 너무 신기하다며 카페에 올려 공유해주길 바라기에 들은 그대로 생생하게 받아서 옮깁니다.
법우님들~!
오늘 계룡산 산신기도로 많은 법우님들이 부처님의 가피를 입어 좋은 일이 많이 생길 것 같습니다.

　모두 대박 나시고 재벌 되십시오.
　오늘 기도해주시고 축원해주신 법안스님께 감사드립니다.

2018.06.08. / 1523

산신기도 가피와
약사불공

1차 산신집중기도 때 열심히 기도한 공덕으로 가피 받고 약사불공까지 하게 되었습니다. 지금 힘든 일들 다 해결되고, 운명도 바꾸고 이제부터 정신적으로나마 새로운 삶을 살게 해달라고 원을 세우고 기도를 했었거든요.

회향 후에 피곤해서 깜빡 잠이 들었는데, 큰 소쿠리에 가득 찬 실내화를 보았습니다. 짝을 다 맞춰야 하지만 너무 많아서 엄두를 못 내고 만지작거리다가 꿈을 깨었습니다. 2박 3일간 산신집중기도를 정성껏 한 것 같은데 왜 실내화 짝을 못 맞추었을까? 의아해하면서 그럼 힘들어도 사시기도를 마치고 가야 되겠구나 마음먹었지요.

샤워실에서 세수하고 머리도 감고 법당으로 올라갔습니다. 법우님들 두세 명이 모여서 꿈 얘기도 하며 이런저런 얘기들이 오고갔습니다. 어떤 법우님한테,

"법우님, 저는 기도를 잘한 것 같은데 꿈에 실내화 짝을 다 못 맞추고 꿈을 깼다"고 했더니

"법안 큰스님 하고 불공 한 번도 안 하셨죠?"

"법우님이 그걸 어떻게 아세요?" 물었더니 그게 바로 그 꿈이라는 거예요.~

그렇지 않아도 약사불공 원을 세우고 있긴 했었죠.

그 법우님들은 가시고, '아~ 그렇구나, 올해는 돈 준비를 해서 약사불공을 법안 큰스님하고 해서 기도성취를 해야 되겠구나'라는 생각을 확고히 한 채 느긋한 마음으로 사시기도를 마치고 집으로 돌아왔지요.

산신기도를 마치고 뭔가 잘될 거라는 생각으로 하루하루 보내고 있는데, 일주일 뒤 남편으로부터 회사에 큰 주문이 떨어져서 앞으로 그것만 잘되면 별장도 짓고 여생을 맘 편히 살 수 있다는 전화가 왔습니다. 대신 비용이 좀 들어가야 된다고 걱정했는데 그 문제도 쉽게 해결되었답니다.

1차 산신기도의 가피를 입고 약사불공까지 하게 되었고, 2차 산신집중기도를 하게 해주셔서 부처님과 지장보살님의 가피에 감사 또 감사드립니다. 생각지도 못한 일들이 어느새 제 눈앞에서 하나하나 풀려가는 가피를 받고 있음을 깨달아가고 있습니다. 그냥 법안 큰스님 법문 들으면서 꾸준히 기도하다 세월 따라 그냥 살다가 가야지 하고 제가 마음을 비운 덕분이라고 생각합니다.

　　금방은 아니지만 잘만 하면 몇십 억이 될 수도 있다는 남편 말에 귀가 솔깃해져서 원을 세웠던 약사불공까지 하게 된 것입니다. 법안 큰스님께서 저희 안심정사 불자들 대박나라고 불철주야 기도하시는 모습에 눈물이 절로 납니다. 어서 하루빨리 주머니 **빵빵** 채워서 큰스님께 보답하고 싶습니다. 오로지 꾸준히 기도하시라는 큰스님의 법문 말씀대로 실천하고 있습니다.

　　법안 큰스님, 석가모니부처님, 지장보살님께서 저에게 이런 연을 맺어주셔서 눈물이 나도록 감사드립니다. 오늘은 새벽기도를 생략한 채 이렇게 카페에 글을 올립니다. 부처님 안에서 행복을 추구하고 의지하며 간절히 기도하며 살겠습니다.

2018.10.18. / 1688

합동천도재 시간에
동생 꿈을

알고 보니 오늘이 안심정사 합동천도재 날이었네요!

요즘 걱정거리도 있고 신경이 온통 다른 데 쏠려 있어서 천도재 동참을 신청해놓고도 잊고 있었습니다.

새벽 여섯 시까지 잠을 못자고 컴퓨터 앞에 앉아있다가 뒤늦게 아침시간에 잠을 청했는데 한동안 꿈에 나타나지 않던 동생이 꿈에 보였지요. 깊은 잠에 빠져 있었던 터라 자세한 내용이 다 기억나진 않는데, 깨고 나서 분명히 동생이 꿈에 나왔었다는 것만은 또렷이 기억났습니다.

멍~한 상태로 일어나 언제나처럼 스마트폰으로 안심정사 카

폐 글을 보려고 들어왔다가, 합동천도재 생방송 글이 올라와 있는 걸 보고 천도재 시간에 몇 년 전 세상 떠난 동생이 꿈에 나타난 걸 알게 되었지요. 그 후 저는 거의 매일 동생을 꿈에서 본답니다.

꿈에 나온 모습이 힘들거나 나빠 보이지는 않았지만 언제나 동생 생각에 마음이 편치 않았습니다. 일찍 절에 오고 싶었고 천도재를 올려주고 싶었지만 여건이 따라주질 않았구요. 그렇게 몇 년 동안 혼자 아미타불 염불기도하면서 BTN으로 법안 큰스님 법문 들으면서 지내다, 올해 드디어 안심정사를 다닐 수 있게 되어 4월부터 서울도량 재수불공에 참석하고 있습니다.

서울도량 나오기 전 총무님이 지장경을 택배로 보내주셔서 지장경 기도부터 백일 정도 한 상태로 절에 다니기 시작했지요. 그런데 신기하게도 지장경을 읽으면서부터 동생이 꿈에 잘 나오질 않는 거예요. 전에는 매일매일 꿈에 나왔었는데… 그래도 아예 안 보이는 것은 아니고 드문드문 꿈에서 보였고, 저로서는 동생이 어찌되었는지 도통 알 길이 없었지요.

안심정사에 가서 큰스님께 여쭤볼 때까지는 무조건 지장경을 열심히 읽어야겠다고 생각하여 꾸준히 독경했습니다. 그리고 드디어 안심정사 재수불공에 참석하면서 제가 동생 꿈을 꾸는 패턴에 또 변화가 생겼습니다. 자주 꿈에 나오지 않는 건 여전했는데, 꼭 금요일 재수불공일이면 동생 꿈을 꾸거나, 큰스님 꿈을 꾸었지요. 제가 참석한 날뿐 아니라 참석 안 한 날도.

재수불공 몇 번까지 갈 것도 없이 바로 첫날부터 알았습니다. 큰스님 올려주시는 불공에 정말로 불보살님 위신력이 따르시고 가피도 반드시 따른다는 것을. 직접 현장에 참석을 하든지 안 하든지 간에 제 이름이 큰스님 올려주시는 불공에 오르는 것만으로도 불보살님의 관심과 개입이 개개인에게 분명하게 주어진다는 사실을 알고 정말 놀라웠습니다.

그리고 큰스님께 동생 문제 상담 후, 약사불공을 올려주셨는데 불공 올리기 전에 벌써 동생한테 변화가 있다는 걸 제가 알게 되었습니다. 큰스님께 약사불공에 대해 듣기 전 며칠 전에 꾼 꿈에서 동생이 떠난다고 말했거든요. 제가 물어봤지요, "어디로 가느냐?"… 대답은 듣지 못했습니다.

그리고 며칠 후 큰스님 뵈었을 때 약사불공 날짜 잡으라고 하시는 말씀에, 큰스님께서 제 동생 생각을 하신 시점에 제가 그런 꿈을 꾸었다는 걸 짐작했습니다. 약사불공에 대해 뭐라도 알고 생각하고 있는 상황에서 그런 꿈을 꾸었다면 제 마음이 만들어낸 꿈이라고 판단할 수 있겠지만 약사불공에 대해 듣기 전이고 전혀 정보가 없던 때 꿈부터 꾸었던 거라 이 꿈은 분명 헛꿈이 아닐 거라는 생각이 들었지요.

큰스님께서 제 동생 생각을 하셨다는 사실만으로도 제 동생의 상태에 영향이 미치고 변화가 생긴다는 것을 알게 되었죠. 큰스님이 가지신 부처님 위신력에 대해서 다시금 놀라움과 경외감을 느낀 꿈이었습니다.

약사불공 이후에는, 동생이 어떻게 되었는지 궁금하기도 하고 혹시 꿈에서라도 확실하게 인사라도 잘 하고 갈까 싶어서 매일매일 잠들기 전에 불보살님께 기도 드렸지요. "동생 간 곳을 제가 알 수 있게 꿈으로 보여주세요" 라고.
지장경을 읽으면 돌아간 가족이 어느 세계에 태어났는지 지장보살님께서 보여주신다고 하여 지장보살님께도 간절히 기도 드렸습니다. "제 동생이 어디 가 있는지 제가 알 수 있게 해주세요."하고요

그런데 약사불공 이후 동생이 꿈에 나오지 않았습니다. 인터넷에 올라있는 천도재 후기들을 보니, 흰옷을 입고 인사를 한다

든지 잘 간다고 걱정 말라고 한다든지 그런 꿈도 꾸는 것 같던데… 꿈으로 보여지는 것이 없어서 제가 한동안 많이 초조하고 궁금했습니다. 간혹 동생이 꿈에 보일 때가 있긴 했는데 그건 의미가 있는 꿈이 아니고 제가 너무 골똘히 생각한 나머지 제 마음이 만들어낸 꿈에 불과했습니다.

한동안 그렇게 시간이 흐르고, 제가 지장경 200일 기도를 마친 날 새벽. 꿈에 동생이 나왔습니다. 동생과 함께 산에 있는 수련원 같은 곳을 갔는데, 어떤 여자가 오더니 동생한테 차에 탈 자리가 한 자리밖에 없다며 지금 가야한다고 동생을 데려간 후 저는 혼자 남겨졌습니다.

인사도 없이 가서 많이 섭섭했지요.

아마도 동생이 저한테 서운한 게 많은가 봅니다. 그날 꿈에 동생만 본 것이 아니고 굉장히 아름답고 좋은 것을 보아서 보통 꿈이 아닐 거라는 생각을 했죠. 신기한 것은, 저는 그날이 지장경 기도 200일이라는 걸 몰랐었습니다. 199일이라고 생각하고 있었는데 꿈꾸고 나서 날짜를 다시 세어보니 꼭 200일째가 되는 날이더군요.

몇 번을 세어 봐도 199일이라고 생각했던 것은 제 계산착오고 200일 되는 날이 맞았습니다. 그때도 정말 많이 놀랐습니다. 지장보살님께서는 내가 며칠을 기도하고 있는지도 나보다 더 잘 아시는구나! 그토록 세세한 것까지도 불보살님들께서는 다 보시고 계시는구나!

안심정사에서 큰스님께서 봉행해주시는 모든 행사와 불공은 정말 그 의미를 따질 수 없을 정도로 귀한 시간이라는 것을 이번에 다시금 되새기게 되었죠. 꿈에서 동생 떠나는 걸 보긴 했지만 정확히 어찌되었는지는 알 길이 없어서 좀 막연한데, 안심정사에서 큰스님 따라 열심히 부처님 섬기며 살면서 동생한테 회향하는 것을 잊지 않으면 동생한테도 분명히 도움이 될 거라는 걸 이번에 다시 확신하게 되었습니다.

큰스님, 언제나 감사드립니다.

제3장

참회

- 운명이 바뀌려나 봅니다
- 이때까지 잘못 살았구나
- 법안스님 친견과 〈쇼생크 탈출〉
- 영화 〈미션〉과 참회, 그리고…
- 최선을 다 하지 않은 업보
- 시어머니께 감사드림
- 선입견이란…

2018.02.07. / 1405

운명이 바뀌려나 봅니다

그동안 [운명을 바꾸는 사람들] 게시판에 글을 쓰고 싶은 마음이 간절하였습니다. 하지만 지장보살님이 소원은 들어주시는 것 같긴 한데 가장 시급한 문제들은 풀리지 않고, 소소한 소원들만 조금씩 이루어지고 있었기에 글을 올리기는 애매한 경우라 새벽기도 열심히 하면서 때를 기다렸지요.

그런데 어리석게도 부처님께서 주신 가장 큰 가피를 이미 경험하고 있었음에도 미처 깨우치지 못하고 있었던 겁니다. 오늘 비로소 새벽기도 하면서 그것을 느끼게 되었는데 환희심과 감사함으로 눈물이 났습니다. 여기 많은 분들이 기도한 뒤로 남편이나 가족들이 변했다는 경험들을 많이 올리시는데, 저의 경우는 남편이 아닌 제가 바뀐 경우입니다.

　원래 저는 존경할만한 사람, 가치관이 비슷한 사람과 결혼하려고 생각했었습니다. 연애할 당시 남편이 제 눈에는 그렇게 보였는데, 결혼하고 보니 눈에 씐 콩깍지 때문이었다는 걸 깨닫게 되었습니다. 오해하실까봐 말씀드리는 건데 남편이 다른 사람이 된 게 아니라 그냥 제 이상과 거리가 있었던 거죠.

　사실 남편은 정말 좋은 사람입니다. 불심도 깊고 현명하고 센스 있고 사려 깊고 자상한데다 재미있고… 제가 남편의 진면목에 감사할 줄 모르는 게 문제였던 겁니다. 단지 남편이 하던 일로 큰 빚을 지게 되자 원망하는 마음이 앞서 마음의 벽을 만들게 되었습니다.

　어렵다고 배신하는 건 아닌 것 같아서 측은지심이 들어 같이 살기는 하였지만, 한결같이 잘해주는 남편의 마음을 당연하게만 여기고 조금만 소홀하면 툴툴거리곤 했지요. 그러고 보니 남편을 참 많이 구박(?)했던 것 같습니다. 드러내놓고는 아니지만 속으로 원망 무시하는 마음이 많았던 것이죠.

"당신이 내 남편이라 자랑스럽고 고마워"

돈 많이 못 벌고 빚으로 가정생활을 힘들게 했다는 이유로 말입니다. 다 제 못된 성격 탓이었지요. 그러던 제가 며칠 전에 남편한테 "당신이 내 남편이라 자랑스럽고 고마워" 그랬으니, 이건 불보살님 가피가 분명한 거죠? 저도 제 입에서 그런 말이 나올 줄 상상도 못했습니다.

말하는 순간에도 저 자신이 신기했을 정도였지요. 요즘 들어 부쩍 남편한테 고맙고 더 잘해야겠단 생각이 들면서 남편이 큰 사람으로 느껴지고 '바로 보살님이었구나, 여태껏 그걸 모르고 건방을 떨었구나' 하는 생각이 들어 제 행동과 생각을 참 많이 후회하고 있습니다. 까칠했던 성격이 부드러워지고 너그러워지자, 남편이 얼마 전에 아들한테 "엄마 요새 기도한 뒤로 화를 안 낸다"하며 신기해하더군요.

자신이 바뀌지 않고 번뇌가 들끓는데 아무리 주십사한들 부처님도 들어주시기 난처하셨을 텐데, 부처님도 지장보살님도 저를 이리 만들어놓는 게 먼저라고 생각하셨나 봅니다. 불보살님 보시기에 때가 되었구나 싶을 때 큰 소원도 선물로 주실 거라고 믿습니다. 성격이 바뀌었으니 운명도 당연히 바뀌겠지요.

이건 여담인데… 요 며칠 얼굴이 너무 건조하다고 직장에서 하소연을 했더니, 수분 마스크 팩이 선물로 들어왔네요.^^ 부처님이 보내주셨나 봅니다.^^

부처님! 지장보살님! 법안 큰스님! 정말 고맙습니다.

2018.06.07. / 1521

이때까지 잘못 살았구나

예기치 못한 사고로 병원신세를 지다 보니 우울감. 좌절감. 죄책감. 간절함 등. 때로는 수없이 많은 증오와, 나에게 주어진 운명은 왜 이리 거지같은지 원망도 했던 그 모든 것들이 마치 쓰나미처럼 밀려옵니다. 가족들에게/ 친구에게/ 또는 주변 지인들에게 잘못했으며 서운하게 했고…

제가 그리 오래 살지는 않았지만, 흔히 말하는 산전·수전·공중전 다 치렀다고 생각합니다. 너무 힘들고 지치고 고통스러워서, 이 세상은 너무 불공평하고, 왜 나여야만 하느냐고 울부짖기를 밥 먹듯이 한 세월이 얼마인지 모릅니다.

세상에는 저보다 더 혹독하고 참담하게 삶을 이어가시는 분도 많습니다. 누구나 자신의 손톱 밑 가시가 제일 아픈 것처럼 저 또한 그랬지요.

때로는 모진 마음먹고 차라리 지옥을 갈지라도 이승보단 낫겠다고 어리석은 짓도 해보았습니다. 그러나 그것도 제 편이 되어주지 않았습니다.

지칠 대로 지친 나는 나 자신에게조차 무심하게 방치 아닌 방치를 했지요.

될 대로 돼라, 에라 모르겠다. 그렇게 허송세월만 보내기를 몇 년…

다행히 작년 이맘 때 안심정사를 알고 큰스님을 뵈니,

저와 가족들에게 쌓인 업이 많아 모든 일에 어려움이 많겠다고 하셨습니다. 정신이 번쩍 들었지요. 정말 이때까지 잘못 살았구나. 방법을 몰랐고 엉뚱한 곳에서 쓸데없는 짓만 했구나.

조금 더 빨리 안심정사를 알고 큰스님을 뵈었더라면…

정말 기도로 운명이 바뀔 수 있을까? 정말 나도 될까? 하는 의심도 잠시뿐.

마치 궁둥이에 불이라도 붙은 것처럼 옆도 안쳐다보고 뒤 한 번 돌아보지 않고 일 년을 정신없이 달려왔습니다.

조상천도제와 약사불공도 너무 하고 싶었지만, 가족 누구도 제 편이 되어주는 사람 하나 없고 모두 비난만 하여 말조차 꺼내기 힘들었지요. 그런 저에게 큰스님은 "혼자라도 열심히 오로지 기도하라! 그리하면 된다" 하셨습니다.

그래서 비록 작지만 제 힘이 닿는 한 공양도 열심히 올리고, 어린 나이에 떠난 오빠의 제사도 처음으로 지내주고 위패도 모셨지요. 방생도 하면서 부끄러운 수준이지만 나름 보시도 하고, 제가 도울 수 있는 한 사흘 나흘 연이어 봉사에 나서 간절하게 기도에 매달려보기도 하였지요. 그렇게 지나가는 시간들이 너무 행복해졌습니다.

이렇게 병원에 앉아 곰곰이 지난 일을 돌아보니 너무도 많은 변화가 생겼습니다. 혼자 세상고통 다 짊어진 것처럼 괴로웠던 마음이 사라졌지요. 가족들을 미친 듯이 원망하고 증오했던 마음도 이제는 그리 남아있지 않습니다. 모든 것에 '그래, 그럴 수도 있지' 한 번 더 생각하는 긍정적인 사고로 바뀌었지요.

예전에는 에라~될 대로 돼라 했던 것이 이제는 부처님의 큰 빽이 있으니. 지장보살님이 딱 지켜주시고 불보살님의 보살핌과, 우리 큰스님의 크고 든든한 울타리가 있으니 하나도 두려울 게 없습니다.

다시 충전한다는 마음으로 퇴원하면 모든 것에 간절히 열심히 기도정진하며 제 소원 모두 이루어 대박 나서 우리 큰스님 양 어깨가 머리보다 높이 올라가는 모습을 꼭 뵙고 싶습니다.^^ 반드시~그런 날이 올 거라 믿습니다.

살아서 숨 쉬고 있는 것에 감사합니다.
부처님! 지장보살님! 큰스님! 고맙습니다.

2017.10.05. / 1316

법안스님 친견과
<쇼생크 탈출>

〈쇼생크 탈출〉이란 영화를 단지 액션영화로만 본다면, 영화가 담고 있는 철학적 의미를 놓치는 것. 이 영화의 핵심은 탈출의 순간이 아니라 참회의 순간이기 때문입니다.

주인공 '앤디(팀 로빈슨 分)'는 아내와 그 애인을 살해한 혐의로 종신형을 받고 쇼생크 교도소에 수감되었지만 진실로 자신의 마음을 제대로 들여다보기 직전까지 몇십 년 동안 억울하기만 합니다. 누명을 뒤집어 쓴 것만 생각했죠. 그러다 자신이 얼마나 아내를 외롭게 했으며 소통이 안 되는 남편이었는지, 그것이 모든 사건의 발단이 되었음을 깨닫게 됩니다.

또 한사람 '레드(모건 프리먼 分)'는 가석방 심사에서 매번 떨어집니다. 그 역시 몇십 년간 가석방이 안 되자 어느 순간 모든 걸 포기하고 마음을 내려놓습니다. 심사관에게 잘 보이려 하지도 않고, 자신이 진실되고 성실한 사람이라고 어필하려 노력하지도 않지요. 그런데 허무하게도(?) 돌연 가석방 승인을 받는데, 이 장면이 무엇을 의미하는지 굳이 설명하지 않겠습니다.

다시 주인공 앤디로 돌아가서, 그의 탈출계획은 깨달은 시점부터 가속도가 붙습니다. 야생미가 돋보이는 미녀 '라켈 웰치'의 매혹적인 사진을 벽에 붙여놓고 교도관들의 의심을 피해 오랜 기간 뚫어온 탈출공간을 통해 빠져나갈 기회만 호시탐탐 노립니다.

드디어 천둥번개가 심하게 치던 밤. 앤디는 그동안 준비해 둔 서류와 옷가지를 비닐에 몇 겹으로 싼 후, 노끈으로 단단히 몸에 묶고 마침내 교도소 밖으로 탈출하게 됩니다. 아시다시피 이 장면이 그 유명한 클라이막스 장면으로, 저는 이 영화를 아마 대여섯 번은 본 것 같습니다. 1990년대 개봉 때부터 잊을만하면 한 번씩 봐왔지요.

탄탄한 플롯과 칙칙한 감옥 배경임에도 이를 상쇄하는 다채로운 에피소드가 영화적 재미로는 그만이었기 때문이었습니다. 그러다 앤디의 참회와 탈출의 인과관계에 대해 깨닫게 된 것은 2000년대 중반을 넘어서 다시 보았을 때였습니다. 그리고 저 역시 참회의 시간을 지내왔습니다. 하지만 제겐 빠진 그 무엇에 대해선 여전히 몰랐지요.

영화 이야기를 길게 하는 것은 최근 법안 큰스님을 친견한 후 이 영화가 다시 떠올랐기 때문입니다. 제 인생이 잘 안 풀리는 것이 처음엔 성격 때문이라고 생각했고, 나이가 들어서는 타고난 능력과 재능의 한계 때문이라고 생각했지요. 최근에는 성격과 능력, 재능 이 세 가지가 모두 부족해서 지금의 내 자신밖에 안됐다고 인정하게 되었습니다.

그런데 스님께서는 제 인생을 가로막는 요인이 제 성격이나 능력, 재능의 부족함 때문이라는, 늘 들어왔거나 인정해왔던 부분이 아닌, 어떤 결정적인 한 요소를 말씀해 주시며 이 부분을 기도로 극복하면 된다고 하셨습니다. 너무나 쉬운 해답이었지요. 저는 그동안 억울하게 여겼던 부분이 해소되는 느낌을 받았고, 스스로를 자책하던 콤플렉스에서도 어느 정도 벗어난 기분이 들었습니다.

대놓고 제 탓이라고 비난하거나 지적하듯이 말씀하시지 않고 앞으로의 방향에 대해서만 말씀해 주심에 큰 위로가 되었지요. 또한 제 인생에 대한 새로운 다짐과 무거운 책임감도 동시에 가지게 되었고, 남은 인생은 정말 내가 하기에 달렸음을 뼈저리게 절감했습니다.

진짜 중요한 건 처절한 참회 혹은 깨달음이 있었다 해도 다음 단계로의 준비가 되어있지 않다면 기회를 잡을 수 없다는 점입니다. 그런 면에서 저는 단 한 번도 제가 하고 싶은 일에 대한 관심과 노력을 놓아본 적이 없었음에 다행이라고 느꼈습니다.

저도 기도의 증거가 되고 싶습니다

그리고 이제 남은 건 정말 치열한 기도뿐임을 다시 한 번 확인했습니다. 하지만 너무 비장하지는 말아야 함을 경험을 통해 알고 있습니다. 비장하면 억울하고 지치기 쉽기 때문입니다. 대신 앤디처럼 설령 교도소에 갇혀 있을지라도 모차르트의 음악을 들을 수 있는 마음과 영혼의 자유를 가져야 합니다. 인간이란 존재는 생존 그 이상의 고매한 무엇을 추구할 때 아름답기 때문입니다.

제가 이 글을 올리는 것은 기도로부터 나태해지려는 저 자신을 다잡기 위함이기도 하고, 저처럼 생의 기로에서 스스로의 능력과 앞날을 한계 지으려 했던 법우님이 있다면 다시 한 번 원하는 곳까지 가려는 엔진을 장착하기를 권하려 함입니다. 그 엔진은 바로 스님이 권한 지장기도라는 것입니다. 누군가 '자신이 희망의 증거가 되고싶다'는 책을 썼듯이 저도 기도의 증거가 되기를 희망합니다.

스님 친견 후 지장경을 읽으니 예전에 그냥 스치던 부분에서 새록새록 또 다른 깨달음이 생겨나더군요. 스님, 그날 해주신 모든 말씀 깊이 감사드립니다. 무엇보다 저의 지금이 타고난 제 부족함과 불찰 탓이라고 하시지 않으셔서 늘 맞아왔던 화살을 더 이상 맞지 않은 듯 했습니다. 아울러 이제 누구도 다시 뚫을 수 없는 방패를 얻은 기분이었습니다.

열심히 기도하겠습니다.

2017.10.09. / 1319

영화 <미션>과 참회,
그리고…

예전에는 종교적 소재나 주제를 다룬 깊이 있는 영화가 꽤 있었는데, 2000년대 이후는 흥행위주의 가벼운 오락영화에 밀려 그런 영화를 접하기 쉽지 않습니다. 오늘 문득 종교영화 〈미션〉이 떠올라 몇 자 적어봅니다.

1750년, 남미의 오지로 선교활동을 떠난 '가브리엘 신부'(제레미 아이언스) 일행.

그들은 신비로운 폭포 절벽 꼭대기에 사는 원주민 과라니 족 마을에 교회를 세우고 이들과 교감하는 데 성공합니다. 한편, 악랄한 노예상 '멘도자'(로버트 드 니로)는 우발적으로 자신의 동생을 살해하게 되고, 죄책감과 절망에 빠지죠. '가브리엘' 신부는 함께 원주민 마을로 선교활동을 떠날 것을 권하고, '멘도자'는 자신이 노예로 매매하던 과라니 족의 순수한 모습에 진심으로 참회하며 헌신적인 신부의 길을 걷게 됩니다.

그는 살인을 한 인물로 어떤 깨달음이 있어 스스로 고행의 길을 택하지요. 그것은 일부러 무거운 철물더미를 자신의 몸에다 묶어 폭포 아래서부터 맨 위까지 끌고 올라가는 것이었죠. 주변에서 아무리 말려도 그의 고행은 멈추지 않고, 마침내 과라니 족의 부락까지 무사히 도달하게 됩니다.

원주민들은 노예 상인인 그를 알아보고 분개하지만, 가브리엘 신부의 설득으로 과라니 족은 멘도자를 받아주고 그의 몸에 걸려있던 고철 더미를 날카로운 비수로 끊어내 강물로 던져버립니다. 멘도자는 마침내 참회의 눈물을 터뜨리고 말지요.

종교영화는 아니지만 탐욕스런 인간을 다룬 면에서 같이 보면 좋을 영화 종이달(2015). 이 영화는 은행에 근무하면서 고객 돈을 1000억대까지 횡령한 한 여자의 이야기입니다. 일본의 버블경제 시기 때 한 몫 단단히 챙긴 중년층은 노년층으로 접어들며 은행이자와 펀드로 돈을 굴리며 살아가지만, 언제 다시 경제가 나빠질지 몰라 쓸 줄은 모르고 그저 움켜쥐면서 젊은층은 무

능력하고 게으르다며 비판합니다.

그 중간에 낀 세대인 주부 우메자와(미야자와 리에)는 참으로 기특(?)하지만 어리석은 생각을 합니다. 부유층의 돈을 정말 돈이 필요한 사람에게 주는 것이 무엇이 나쁜가 하고 말입니다. 문제는 그 방식인데 말입니다. 사실 그런 생각의 배경에는 어린 시절 아버지가 누군가의 노동력을 착취해 부유함을 누렸다는 죄책감이 있었습니다.

그래서 중학교 시절, 그녀는 아버지의 지갑에서 돈을 훔쳐 가난한 나라 어린이들에게 기부를 하곤 했었습니다. 고객의 돈을 횡령해 필요한 사람에게 쓰게 한다는 모티브는 거기에서 비롯된 거였지요. 물론 그 필요한 사람이란 자신도 포함됩니다.

두 작품 다 실화로서 공통점이 있습니다. 죄의식에 대한 것으로 불교에서는 참회에 해당하는 부분이죠. 죄의식을 어떤 식으로 다루어왔는지 생각해보았습니다. 멘도자처럼 남이 끊어줄 때까지 죄의식을 달고 다니거나 결코 끊어내지 못하거나, 우메자와처럼 비상식적인 방식으로 해석해서 진정한 참회에 이르지 못합니다.

그렇다면 자신의 삶을 바꾸지 못하는 참회란 설령 그것이 참회일지언정 〈지장경〉 4품에 나오는 '마치 물고기가 그물 안에 있으면서 흐르는 물속에 있는 줄로 아는 것과 같이 장애와 액난의 그물에서 벗어났다가 또 다시 걸리고 만다'는, 업보로 인한 윤회와 같은 것은 아닐까? 그런 생각을 해보았습니다.

스님께서는 기도와 수행의 궁극적인 목표는 '운명을 바꾸는 것'이라고 늘 말씀하셨습니다. 제 개인사를 되돌아보며 '어리석은 참회로부터 벗어나는 것도 운명을 바꾸는 것이다' 라는 생각을 해봅니다.

2018.11.14. / 1716

최선을 다 하지 않은 업보

3일간 지장경을 한 품씩 정리하며 묵상해왔지만 왠지 허전하더라고요.

매일 13품을 하다 1품만 해서요. 오늘은 13품을 읽는데, 가슴에 꽉 찬 부처님의 사랑을 느낄 수가 있어서 감사함이 울컥 올라왔습니다. 그동안 힘든 삶을 살아왔던 게 퍼즐 맞추어지듯이 이해가 되었습니다.

직장이 안정적이지 못했던 이유

직장이 힘들거나 다른 곳이 급여가 조금 높으면 옮겨 다니려고 했으며, 몸이 조금만 피곤하면 근태가 좋지 못했던 저였습니다. 지금은 안심정사 법안 큰스님의 법문을 듣고 지장경전을 매일 읽다보니 제가 꾸준히 노력하며 최선을 다하지 않았다는 사실을 깨닫게 되었습니다.

금전적으로 힘들었던 이유

저는 물질을 계획성 있게 사용하지 못하고, 생색내기 바빴으며 기분파로 살았습니다. 안심정사를 6월 말부터 알게 된 후. 직장 문제로 지장경을 열심히 읽고 기도하며 없는 돈에 공양을 올리고 하다 보니, 그동안은 제가 아끼지 않고 낭비했음을 깨닫게 해주셨습니다.

지장경에도 나와 있듯이 물질을 제대로 사용하지 않는 업보가 맞았던 것입니다. 겉모습을 중시했던 어리석은 중생이었지요. 그래도 너무 감사한 건 이런 저를 지장보살님의 분신으로 안심정사 법안 큰스님을 만나게 하시고 지장경을 읽어 올바른 삶을 살게 해주셔서 너무 감사합니다.

지장경 곳곳에 가득한 지장보살님의 사랑을 알고 너무나 행복하여 이렇게 글을 올리게 되었습니다. 현재 우리 부서에 근무하는 직원은 만화 지장경을 매일 읽으며, 저의 핸드폰 배경화면처럼 '정말 잘 돼' '할 수 있어'를 깔아놓고 있지요. 부서 전체에

'정말 잘 돼' 스티커가 컴퓨터 모니터에 붙어있어서, 직원들이 힘들 때마다 '할 수 있다!'는 긍정의 에너지를 받고 있어 뿌듯합니다.

    지장보살님 감사합니다.
    저를 사랑해주시고 이끌어주심에 감사합니다.
    이 가득 받은 사랑 나누어주며 사는 사람이 되겠습니다.

2018.11.05. / 1705

시어머니께 감사드림

불법승 삼보께 지성 귀의합니다. 참회합니다.

저는 시어머니와 23년을 살고 있습니다.

서울 분이신 시어머니와 시골에서 자란 저는 사는 것부터 생각하는 것까지 하나도 일치하는 게 없었습니다. 답답하고, 말 안 통하고, 고집 세고, 게으르고, 잘하시는 게 없고, 아시는 게 없고, 이기주의고, 자기 몸만 챙기고, 멋만 부리고, 욕심만 많고, 기타 등등 어제 밤까지 제 맘속에 들어찬 시어머니 모습입니다.

만나는 순간부터 시어머니 때문에 100퍼센트 행복 중 90퍼센트 행복을 놓치게 되었다고 가슴 깊숙한 곳까지 모든 원망과 한을 차곡차곡 쌓아놓고 살았습니다. 불법을 알고부터는 조금은 그게 아니라고는 알게 되었지만 건성으로 하는 형식적인 행동이지 실제의 저는 변함이 없었습니다.

그런데 어제 논산에 철야기도를 다녀온 후 어떤 꿈을 꾼 탓이었을까요?

오늘 아침 조금 늦게 출근했는데 옆 자리 언니가 제 뒤로 쫓아 들어오면서 아침 일찍 일어나 아프신 시어머니 수발에 집안 살림 하느라 늘 바쁘다고 했지요. 저는 그 언니가 늘 밝은 모습으로 생활하기에 공주처럼 사랑받고 사는 복 많은 언니로 늘 부럽다 생각했고 지냈습니다. 그런데 오늘 대화를 통해 그동안 제가 젤 편안하게 누리고 살았던 행복의 의미를 알았습니다.

건강하신 시어머니가 모든 살림을 해주시며, 제가 어떠한 잔소리 심한 말을 하더라도 화 한번 안 내시고, 모든 것을 들어주시고 애들 잘 키워주시고 돌봐주십니다. 남편을 잘 낳아 길러주셔서 제가 좋은 사람과 살고 있으니, 90퍼센트 행복을 빼앗아 가신 게 아니라 90퍼센트 행복을 주신 것이었습니다.

어머니~! 너무 늦게 깨닫게 되어 죄송스럽고, 저로 인해 마음 고생하신 거 용서해 주세요. 항상 건강하시고 지금껏 못해드린 효도 앞으로 잘하겠습니다. 지금이라도 깨우치게 되어 감사드립니다. 내세우는 것을 별로 좋아하지 않아 고민하다가, 스스로를 반성하고 시어머니께 진심으로 용서를 구하려고 글을 올립니다.

2018.10.17. / 1686

선입견이란…

선입견이 얼마나 무서운 것인지 깨닫게 되었습니다.

제가 입사한 곳은 금융사의 리테일 금융부로 대출이 실행되는 부서지요.

이 부서는 신설부서로서 제가 총괄팀장입니다.

저를 비롯한 전 직원들이 경력자로 채용된 것이죠.

우리 부서 과장님은 바로 저의 직속상관으로 좋지 않은 소문에 오르내린 당사자입니다. 워낙 금융권의 발이 좁아서 한번 입방아에 오르면 그 이야기를 들은 사람은 선입견을 갖게 되지요.

부서 직원이 어디서 담당과장님 얘길 듣고 와서 하는 얘기입니다.

"쟤~! 우리 업무 하나도 모른대~ 회장님이 마라톤 좋아하는 거 알아서 마라톤 동호회 해서 어떻게 운 좋게 들어온 거라 여기서도 따돌림 당한대요."

사실은 업무를 가르칠 때도 잘 모르시니 난감한 면도 있었고, 관리자 인수인계도 못 받은 게 있었습니다. 그런 선입견으로 과장을 바라보니 얄밉기도 했습니다. 업무 프로세스를 모르시니 일 진행이 안 되고 답답한 가운데 출근길에 법문을 들었습니다.

보통은 법문 앞부분은 안 듣고 스님 말씀 부분만 들었는데 어젠 앞부분도 듣게 되었죠. 스님 법문 중에 "남이 잘못했을 때는 용서해주라. 너도 잘못하면 용서를 바라듯이…"하는 구절을 듣는 순간 깜짝 놀랐습니다.

업무 개선사항에 대한 긴급회의를 한 후 업무를 보는데 그날따라 자꾸 법문 내용이 머리를 스치면서 과장님이 얼마나 힘들까? 안쓰럽게 보이기 시작했습니다. 업무를 모르는데 관리자가 되니 본인은 힘든데다 직원들은 무시하고, 참으로 슬프고 힘들 것이란 생각에 가까이 다가가고 싶었습니다.

먼저 제가 말했지요.

"과장님! 저는 과장님과 잘 지내고 싶습니다. 서로 맘 놓고 같이 잘해보아요. 많이 가르쳐 주세요"

과장님께서 너무 좋아하시며 본인을 어려워하지 말라, 자기는 쉬운 사람이라고도 하셨습니다. 그리 말로 표현해주시니 한결 편하고 좋았습니다. 정말이지 선입견으로 한 사람을 판단하는 것은 큰 죄악이란 것을 깨달으며, 선입견으로 바라본 저를 참회합니다.

법안 큰스님의 법문 말씀대로,
"당장 손해나는 것 같지만 선의를 지키며 진실하게 사는 것이 많은 것을 얻는다"는 말씀에 백퍼센트 공감하고 감사할 뿐입니다.

오늘도 행복한 일터로 갈 수 있게 해주심에 감사드리며 참회의 글을 올립니다.

지장경 새벽기도 방법

1. 새벽 3시에 일어나서 몸과 마음을 단정히 하고 기도 준비를 합니다.

2. 집안의 깨끗하고 조용하며 적당한 장소에서 북동쪽을 향해 앉습니다. (동쪽도 괜찮지만, 화장실 방향은 피합니다.)

3. 지장경을 올려 놓은 곳을 향해 3배를 합니다.

4. 소정의 공양금을 일정한 장소에 올립니다. (기도 회향하는 날까지 매일 이렇게 공양금을 올려서 모아두고, 회향하고 나면 그 공양금을 자신의 원찰에 희사합니다.)

5. 미리 작성한 10대 소원표를 세 번 소리 내어 또박또박 읽습니다.

6. 새벽 3시 30분~5시 30분 사이에 지장경 한 번 읽습니다. (시간을 지킬 수 없는 상황에는 1품씩 끊어서 하루에 모두 읽으세요.)

7. 1독을 마치면 10대 소원표를 다시 세 번 소리 내어 또박또박 읽습니다.

8. 시간이 남으면 지장정근을 108번 또는 1080번 합니다.

9. 3배를 올리고 기도를 마칩니다.

제4장

치유

◎ 지장경은 희망과 구원의 노래
◎ 우리 어머니
◎ 법안 스님과 안심정사와의 인연
◎ 인시기도로 악연의 고통을 끊고
◎ 지장보살 염불과 어머님
◎ 양 손목과 두 발목에 럭키체인 두 개씩
◎ 큰스님 친견 다음날
◎ 법안 큰스님 기도축원
◎ 부처님 손바닥 안
◎ 약사불공 산신집중기도 가피
◎ 내가 있잖아, 빨리 끝내자!
◎ 남편 지장보살님께 감사
◎ 불보살님 가피로 얻은 새 삶
◎ 드디어 컴백 홈~
◎ 선암사와 지장경
◎ 지장경 천 독讀 그 이후…1년

2018.10.02. / 1671

지장경은
희망과 구원의 노래

첫 저녁예불과 목탁 소리에 무너져

첫눈에 반한 큰스님의 불교방송 설법

어머니는 금생今生에 이미 생명의 은인

큰스님 말씀대로 소원표에 추가했을 뿐인데…

내일이 기대되는 삶 처음 느껴

올해 안심정사와 처음 인연을 맺고, 고마우신 불보살님과 법안 큰스님, 법사님들과 안심법우님들께 보답하는 길이 무엇일까 고민하다 글을 올립니다. 제 이야기를 많은 분들과 나누면 비슷한 상황에 처한 분들에게 힘이 되고, 지장경이 정말로 희망과 구원의 노래임을 알릴 수 있다고 용기 냈지요.

어머니는 제가 어린 시절부터 늘 아프셨습니다. 몇 번이나 심장마비로 병원에 실려 가셨을 정도로 한평생 병마에 시달렸기에, 자다가도 어머니가 숨을 쉬는지 확인하느라 오르내리는 배를 확인하는 습관도 생겼지요. 하루 종일 집에만 계시는 어머니를 기쁘게 해드리려고 나름대로 성실하게 노력했습니다만 대학에 가면서 어머니 곁을 지키지 못하게 되었지요.

서울생활을 하면서 제 중심의 삶과 인생을 사는 동안 어머니 아프신 곳은 더 늘어만 갔습니다. 제 인생 중요한 고비마다 갑작스런 어머니 병 때문에 상황을 정리하고 어머니 곁으로 돌아가야만 했으니 참으로 서글펐지요. 거의 이루어놓아도 다시 처음으로 돌아가는 것 같은 우울한 나날이었습니다.

어린 시절 믿었던 다른 종교도, 신이 저를 사랑해서 시험하는 거라는 위로로 따뜻하게 받아들였지요. 그러나 고난의 강도가 오히려 계속되는데도 같은 말만 듣다보니, 화가 나서 신에게 '이제 그만 좀 사랑해달라'고 따지게 되었습니다. 결국 다른 기성 종교 모두를 두고 그 진리와 해결책이 무엇인지 알아보았지요.

그중에서 모든 것은 '나'에게서 비롯된 것이고, '업'으로 윤회

한다는 불교 교리가 묘하게 저를 흔들어놓았습니다. 한평생 머리만 쓰고 살아온 저를 어떤 반박도 할 수 없게 이성적으로 굴복시킨 교리는 불교뿐이었습니다. 동시에 지극한 정성과 불보살님의 가피로 모두를 극복해낼 수 있다는 신앙은 제 감성까지도 잡아주었습니다.

첫 저녁예불과 목탁 소리에 무너져

용기 내어 혼자 찾아간 모 사찰 템플스테이에서 첫 저녁예불에 참석하고, 염불과 목탁 소리에 하염없이 눈물만 나와서 그때 제 종교는 불교란 확신을 갖게 되었습니다. 결국 불교를 통해 제 모든 상황을 정리하게 되었지요. 결코 어머니를 저버리는 삶을 살 수 없다는 것과, 제가 어머니에게 해야 할 일이 분명 더 있다는 것을 받아들였습니다.

현재 저희 가족은 아버지가 고향에서 일을 하시고, 저는 외지에서 직장생활을 하느라 둘로 나누어져 있습니다. 비교적 휴가가 자유롭고 어머니를 돌보기 튼튼한 제가 어머니를 모시고 아버지 혼자 고향에 계셨지요. 그래서 빨리 안정적인 직업과 공간을 얻어 어머니를 본격적으로 돌보자고 마음먹었지요.

어머니의 보호자로서 자식으로 할 수 있는 최선을 다했으나, 병세는 악화되고 병원에서 노력해도 현상 유지밖에 못한다는 말에 너무도 무서웠습니다. 스스로의 무력함에 서글펐습니다. 먹을 것 챙겨드리고, 씻기고, 운동시키고, 직장생활을 제외한 나머지 모든 시간을 어머니를 위해 전적으로 매달리는 힘든 상황. 그걸 불교교리인 인과와 업이라는 개념으로 묵묵히 받아들이고 이겨내는 힘을 얻었던 것 같았습니다. 그러나 그것만으로 만족할 수 없었지요.

'지성이면 감천'이라고 부처님께 매달려보자고 마음먹었습니다. 처음엔 할 줄 아는 기도가 절 밖에 없어서 108배, 이후엔 천 배, 삼천 배를 계속하며 무작정 온몸으로 제 정성을 표하고자 발버둥 쳤지요. 나중에는 무릎이 으슬으슬하여 병원에 가보니 젊은 나이에 벌써 퇴행성관절염 조짐이 있다고 경고하여, 다른 기도 방법을 모색하다가 불교 경전을 읽고 싶다는 생각에 서점을 찾았습니다.

가장 유명한 금강경은 너무 어려워 보이고, 다른 책은 또 너무 얇아 낯설다는 주관적인 이유로 지장경을 택하였지요. 지금 보니 지장보살님과 인연이었나 봅니다. 처음 읽을 때, 광목과 바라문의 딸로서 지장보살님의 전생 부분에서 지장보살님이야말로 누구보다 제 현재의 상황과 마음을 이해하시리라는 생각에 하염없이 눈물이 나왔습니다.

많은 절을 하고, 이절 저절 찾아가는 것은 분명 마음의 위로는 주었습니다만 근본적이고 확실한 상황의 변화는 지장경 독경에서부터였습니다. 혼자서 마냥 읽고 있다가 찾아갈 사찰과 언제든 찾아가 답을 구할 스승이 있었으면 좋겠다는 생각에 몹시 갈증이 났습니다. 지장보살님께 그런 곳과 그런 분을 제발 만나게 해달라고 기도 드렸지요.

첫눈에 반한 큰스님의 불교방송 설법

그러던 어느 날 우연히 불교방송을 보다가 법안 스님을 뵙게 되고, 평소 지장경을 읽으며 궁금했던 내용을 바로 그 순간 신해행증에서 설해주시는 것을 보고 깜짝 놀랐습니다. 첫눈에 (진리적으로) 반한다는 것이 이런 기분일 것입니다. 저는 지장보살님께서 법안 스님을 제게 알려주신 거라 여기고 의심 없이 당장 앱에서 법안 스님의 지장경 강의를 보게 됩니다.

지금까지 제가 알음알이로 내렸던 기도의 정의와 상을 모두 지우고, 법안 스님이 제시해주시는 방법대로 새롭게 기도를 시작했지요. 소원표를 작성하고 인시에 일어나 지장경을 읽기 시작한 것입니다. 특히 안심정사의 첫인상은 매우 친근했습니다. 불자다운 생활을 위해 질문도 많이 했는데 항시 알고 지내던 사람들처럼, 의심 많은 저를 안심시키고 잘 안내해주셨습니다.

지장경이 신묘한 것은 반드시 인과를 깨닫게 해준다는 것. "부처님, 지장보살님, 저희 어머니 건강하게 해주세요."라고 기도는 하지만, 그 전에 반드시 저희 어머니가 왜 아픈지를 깨닫게 해주셨습니다. 이를 보완하고 또 참회하도록 유도하니 서서히 어머니의 건강이 호전될 수 있었던 것 같습니다.

또한 왜 다른 가족도 있는데 제가 어머니를 모시고 더 신경을 쓰게 되는지 언제나 궁금했습니다. 지장보살님께 전생에 어머니와 저는 무슨 인연이었기에 이리도 어머니에게 매어있는 것인지 여쭈었습니다. 왜 저인지, 왜 저여야만 하는지, "Why me?!"를 묻고 또 묻던 어느 날 지장경 독경 중, 제가 오래 전 들었던 이야기가 불현듯 떠올랐습니다. 평소 잊고 지냈던 제 탄생 비화입니다.

🟩 어머니는 금생今生에 이미 생명의 은인

저를 임신한지 4개월째. 어머니가 에스컬레이터에서 허리를 다치며 하혈이 심해 병원에 실려 가신 적이 있었습니다. 그때 병원에서 임산부가 위험하니 아이를 지워야한다고 의사가 권했음에도 어머니는 울며 저를 지키겠다고 수술을 거부하셨다고 합니다. 그렇게 10달째까지 하혈 때문에 누워서만 지내시며 저를 건강하게 낳으셨다는 이야기를 어린 시절 외할머니에게서 들은 적이 있었지요.

정말 완벽하게 잊고 살았던 이야기로, 어머니는 단 한 번도 생색을 내시지 않아 제 기억 속에서도 그런 취급을 했던 것 같습니다. 눈물이 쏟아졌습니다. 전생 인연까지 갈 필요도 없이 금생에서 이미 나의 생명의 은인이거늘, 낳아주시고 길러주신 어머니의 사랑을 깨달았지요. 그에 비해 제가 이 정도도 못하겠느냐는 생각에 참회하며 지금의 상황을 감사하게 받아들이기 시작했습니다.

동시에 어머니를 통해서 제 부족한 성격도 깨닫고 다듬게 되었습니다. 같은 질문을 여러 번 하시고 엉뚱한 행동과 돌발 상황을 많이 만드셨는데 처음에는 감당이 안 되었지요. 그래서 이것은 이것, 저것은 저것이라는 식으로 이성적으로 어머니를 설득하는데 많은 에너지를 쏟다가 기도로 그런 행동이 어리석음을 깨달았습니다. 마음을 편하게 해드리자는 쪽으로 바꾸니 어머니를 대하는 제 말과 행동이 한결 부드러워지고, 지금은 웬만해선 화가 잘 나지 않아 직장생활도 많이 편해졌습니다.

 이렇듯 어머니는 물론 스스로의 인연과보를 깨닫고 더욱 열심히 기도했지요. 부처님께 한평생 병고에 시달린 불쌍한 저희 어머니를 건강하게 해주시고 기회를 주십사 한마음으로 매달렸습니다. 그러면서 작게나마 공양도 올리고, 방생도 하며 정성으로 불공을 드리니 1년도 안되어 놀라운 일들이 일어나기 시작했습니다.

큰스님 말씀대로 소원표에 추가했을 뿐인데…

 몇 달 전부터 어머니는 혼자서 씻고, 식사하고, 운동도 하십니다.

 지금은! 고향에서 '제가 아닌' 아버지와 알콩달콩 잘 지내시지요. 제 기억엔 어려서부터 부모님이 그렇게까지 금슬이 좋았던 것 같지 않았는데, 어머니가 백중기간 중 아버지가 너무 보고 싶다고 매일 노래를 부르시다가 회향 전에 저를 버리고 고향으로 가버리셨습니다.

그것도 혼자서 버스를 타고, "나 버스 탔단다. 잘 지내라. 나는 간다"라고 하시는 어머니의 전화를 받았지요. 지금까지도 어머니는 고향에 계시고, 올라오고 싶으셔도 갑자기 일이 생겨서 못 오시게 되는 상황까지 벌어지고 있습니다.

법안 스님 친견 때 "이상하네, 어머니를 모시고 사는 사주가 아닌데…"라고 하실 때만 해도 이런 상황을 전혀 상상하지 못했습니다. 대신 부모님 봉양에 대해 "불보살님께 의지하고 그 방법을 구하라"는 스님의 말씀대로 소원표에 추가해 적었을 뿐인데… 제가 예측할 수도 없던 상황이 전개되어, 아직 저도 좀 혼란스럽습니다만 어쩌면 어머니에 대한 저의 빚이 좀 줄어들었을 수도 있다는 생각이 들었습니다.

또한 제 일상과 공간에서 어머니 생각이 빠져나가 혼자만의 시간이 생기면서 다양한 인연이 찾아오고, 어머니에게 집중하겠다고 다짐한 후 포기한 다양한 선택지들이 다시 떠오르기 시작했습니다. 소원표는 더욱 풍성해지고 제 인생을 더 잘 살고 싶다는 희망이 생기게 되었습니다. 모든 상황이 아무 방해와 걱정 없이 제가 기도에만 집중할 수 있게 재편되고 있지요.

얼마 전까지만 해도 철야기도나 법회에 가려면 다른 가족에게 어머니를 부탁해야 마음이 편한 상황이라 힘들었습니다. 인시 기도를 하면서도 소리 내면 어머니가 깨실까봐 불을 켜기도 힘든 상황이었지요. 지금은 매일 법문도 듣고 염불도 추가하고, 퇴근 후 생활이 풍요로우니 이미 이것만으로 큰 가피를 입은 셈입니다. 일상이 소중하고 행복하지만 일보다 절에 더 재미난 것이 있다는 생각… 그게 오히려 살짝 고민이기도 합니다.

내일이 기대되는 삶 처음 느껴

고향의 어머니는 여전히 몸이 약하시고 이따금씩 다치시거나, 아프시기도 합니다. 집에서 넘어져 엉덩이를 다치셨다는 이야기에도, 청소를 하시다가 그러셨으니 '직접 청소도 하시구나' 하고 감사하는 마음이 들 정도랍니다. 이제는 저도, 어머니도 어떤 상황도 두렵지 않습니다. 분명 좋아지셨고 더 좋아지리라는 믿음에 마냥 행복합니다.

아파도, 다쳐도 큰 것을 작게 받는 거라고 생각하니 "부처님, 감사합니다!"라는 말이 저절로 나옵니다. 작은 변화와 업의 파동에 일희일비하지 않고, 분명 지금 안심정사와 지장기도로 전반적으로 영혼이 업그레이드하는 상승곡선을 탄 것이라 확신하기에 담대하게 기도로 밀고 나갑니다. 태어나서 처음 내일이 기대되는 삶을 살고 있습니다. 꿈도 250개 이상으로 늘어났지요.

　혹시 집안에 편찮으신 분이 계신 법우님들은, 병원에서 안 되고 어렵다고 하면 그곳에 답이 없다고 받아들이고 안심정사를 찾아가 보세요. 할 수 있는 최선을 다하셨다면 이제는 그 애처로운 노력 멈추시고 오로지 불보살님에게 의지하기 바랍니다. 기도의 힘은 불가사의합니다. 걱정 말고 기도해보십시오.

　끝으로 법안 큰스님! 정말 고맙습니다.
　참된 불자가 되는 길과 올바른 기도를 알려주셔서 고맙습니다.
　언제든 그곳에서 환히 반겨주시니 고맙습니다.

　제게는 법안 큰스님이 곧 지장보살님이십니다.
　요즘은 저희 어머니보다 스님이 아프시다면 가슴이 더 철렁합니다.
　건강하게 오래오래 함께 해주세요.

2018.01.27. / 1394

우리 어머니

오늘 처음 큰스님 뵙고. 손도 만져보고 법사님도 만나서 꼭 꿈꾸는 것 같아요. 저는 30년을 시어머니와 함께 살며 반찬가게를 하느라 새벽 6시 출근 오후 7시 퇴근을 합니다. 그런데 저희 어머니께서 작년 담낭암 말기 판정을 받고 투병중입니다.

때문에 매일 지장보살 정근을 하시라 가르쳐 드리고 저는 지장기도를 합니다.

마약 진통제를 붙이고, 진통제를 먹어도 너무 아파하시고 식사도 겨우 한 수저 드셨지요. 뼈까지 전이되어 다음 달을 못 넘길 것 같다고 의사 선생님이 말씀 하시는데 미칠 것 같았습니다.

그런데 2017년 12월 31일. 제가 1년을 벼르다가 서울 법당에 왔지요. 법당 입구에서부터 어찌나 눈물이 나는지 나도 모르게 "우리 어머니 좀 도와주세요!" 이말만 계속 엉엉 울면서 했습니다. 집에 돌아와 어머니 두 손목과 두 발목에 럭키체인을 끼워 드렸지요. 가지고 온 모시 떡 3개를 맛나게 드시면서 좋아하시네요. 정말 어머니가 달라지는 것 같았지요.

일요일엔 외식도 하고 평소 한 숟가락 드시던 식사를 반 그릇 넘게 드셨어요. 장사한다고 집안일 모두 대신 해 주신 우리 어머니! 이제 조금 여유가 생기는데 저희 곁에 몇 년이라도 계시도록 도와주세요. 좋아하시는 외식도 시켜드리고, 가고 싶은 곳도 모시고 갈 수 있도록 간절히 기도드립니다.

이제 83세. 우리 어머니! 오늘은 아픈 사람 같지도 않아요. 감사합니다. 안심정사 고맙습니다.
재수불공과 한강 방생기도 올리고. 부산에선 매달 방생기도를 올리며, 만선공덕회 회원신청도 했습니다. 절에 갔다 온 이야기를 너무나 재미있게 들으시는 어머니 고맙습니다. 사랑합니다. 안심정사 법우님들 친절히 대해주셔서 감사합니다.
절에 갈 수 있도록 도와주신 법사님과 큰스님께 엎드려 큰절 올립니다.

2018.03.03. / 1420

법안 스님과
안심정사와의 인연

아픔과 두려움과 어려움을 잘 극복할 수 있도록 도와주신 법안 큰스님!
먼저 고개 숙여 두 손 모아 감사의 합장 인사 올립니다.

이 글을 쓰게 된 동기는 저의 생생한 기도와 가피 과정을 통해서 아픔으로 힘들어하는 법우님들에게 조금이나마 위로가 되었으면 하는 바람 때문입니다. 저 역시 카페에 올라온 글들을 보면서 힘든 시간을 이겨내고 위로를 받았습니다.

2016년 6월 안심정사와 인연 맺어, 가족 모두가 큰스님을 친견하고 기도하는 생활로 큰 문제없이 잘 지내고 있다가 10월에

뜻하지 않은 남편의 질병(피부 악성 흑색종 3기)으로 크게 충격을 받는 일이 일어났지요.

대수롭지 않게 생각하여 가벼운 마음으로 병원을 찾았는데, 예상 밖으로 들어보지도 못했던 생소한 단어인 피부암 악성 흑색종이라는 진단을 받게 됩니다. 남편도 저도 서로 뭐라고 말을 해야 하는데 말이 나오질 않아 계속 눈물만 흘렸지요. 그러나 한편으로는 지장경 기도를 계속하고 있었으니 '분명 도와주시고 함께해 주실 것'이란 강한 믿음도 있었습니다.

마음을 추스리고 모든 서류와 검사과정을 CD로 복사한 후, 서울의 큰 병원에 진료예약을 하고 11월 1차 수술을 받았습니다. 수술하기 전 논산 종무소로 전화하여 좋은 수술 날짜를 스님께 여쭙고 수술을 기다렸지요. 다행히 부처님 불보살님 가피로 수술대기자들이 많음에도 예상보다 빨리 수술할 수 있었습니다.

암 침범 범위가 넓어 오른쪽 엄지발가락 전체를 절단해야 했고, 수술은 성공적으로 잘 끝나 회복되면 곧 직장에 복귀할 수 있으리라 믿고 있었지요. 퇴원 후 일주일 쯤 지나 1차 수술 때 전이여부를 확인하려고 허벅지 서혜부 임파선을 떼내어 검사를 하였는데 전이되었다는 연락을 받고 또 한 번 놀랐습니다. 12월에 임파선 절제 2차 수술을 하였는데, 이번에는 수술로 끝나는 것이 아니라 1년 동안 항암치료를 해야 한다는 것이었죠.

담당 교수님께서 악성 흑색종 암은 일명 '번개암'이라고 부를 만큼 전이가 잘 되는 무서운 암이라는 말씀과, 보통 전이가 되면 폐나 간으로 올라가는데 남편은 다행히도 허벅지 임파선 한 곳에만 전이가 되었다 했습니다. 얼마나 감사한지 저절로 '부처님 감사합니다, 불보살님 감사합니다, 스님 오직 감사합니다'라는 소리가 나오더라구요.

항암치료 1년에 몸무게 30kg나 빠져

말로만 들어왔던 항암치료가 2017년 1월부터 12월까지 1년이나 계속되었죠. 처음 한 달은 주 5회 주사를 맞았고, 그 후부터는 주 3회를 맞아야만 했지요. 항암치료 때문에 남편은 회사를 그만두게 되고, 3개월은 너무 힘들어서 암 전문치료 요양병원에 입원해 견디면서 항암치료에 전념했습니다. 몸무게가 30kg 가까이 빠지고, 말도 어눌해지며 행동도 굼뜨고 머리카락도 많이 빠지고 성격도 예민해지면서 사소한 다툼도 잦아지는 등 변화가 많이 일어났습니다.

우습게 들릴지 모르겠지만 체중이 자꾸만 줄어들어 할 수만 있다면 움직이지 못하게 꽁꽁 묶어놓고 싶었지요. 무엇보다 제일 고통스러웠던 것은 남편이 식욕이 없는 것이었죠. 세상에서 제일 맡기 싫은 냄새가 밥 냄새고, 제일 듣기 싫은 소리가 '밥 먹어라'라는 소리라면서 짜증과 화를 자주 냈습니다.

옆에 있던 저는 죄인 아닌 죄인이 되어야만 했고, 한 숟갈이라도 좀 더 먹었으면 하는 바람으로 권했던 것인데 뭐라고 핀잔하니 섭섭하기도 하고 괜히 서럽기도 했습니다. 눈물이 나는데 남편 앞에서는 울지도 못하고 논산 본찰 2층 법당에서 기도하며 펑펑 울었던 기억이 아직도 생생하네요.

그 어려운 시절 우리 부부는 시간 날 때마다 본찰에서 기도로 마음을 다잡았습니다. 그럴 때마다 큰스님께서 설법전 2층 호텔 같은 방도 제공해주시고 이불도 가져다주시며 세심하게 보살펴주셨지요. 좀 어떠냐고 위로해 주시고, 큰스님의 전매특허이신 '백만불짜리 미소'로 기운이 방전된 남편의 손을 꼭 잡아서 에너지 충전도 듬뿍 해주셨지요.

남편이 그랬어요.
"큰스님께서 손만 잡아주시면 없던 기운도 생겨나고, 약손이

따로 없다"고~~~

두 번의 수술로 다리가 불편하여 서 있거나, 의자에 앉거나, 아니면 다리를 펴고 앉아야 하는 상황이었는데 7월말 쯤부터는 양반다리를 할 수 있게 되었어요. 이때부터 신기한 일들이 일어나기 시작했습니다. 일요법회가 끝난 후 2층 법당에서 겨우 다리를 펴고 지장경 독경기도를 하는데 꿈인지 생시인지 관세음보살 부처님께서 망치(판사님들이 판결 내릴 때 두드리는 망치)로 가슴 쪽을 때리셨고, 놀라며 '아~'하고 보니 오른쪽 다리가 편하게 움직여졌습니다.

10월 초부터는 엎드려 절도 못했던 사람이 3배는 물론 천천히 절도 할 수 있게 되었지요. 또 새해 2월에는 설법전에서 토요재수 불공기도시간에 지장정근을 하는 남편의 몸이 뜨거워지면서 본인도 모르게 소리가 높아졌고, 관세음보살 부처님께서 머리를 쓰다듬어 주며 안아주시는 신기한 체험을 했다고 말해주었습니다.

저도 신기한 꿈을 많이 꾸었지요. 남편 1차 수술 전 날, 큰스님께서 황금가사를 입고 저희 집에 오셔서 뵐 때마다 웃어주시던 그 모습 그대로 '걱정하지 마, 정말 잘 돼!'라는 말씀을 해주셨습니다. 또 한 번은 2월에 자라방생을 하고 본찰에서 재수불공 기도시간에 지장정근을 하면서 잠깐 졸았는데, 오전에 방생했던 새끼자라가 크게 성장하여 고개를 내밀며 고맙다고 인사도 해주었습니다.

그리고 한강에 방생했던 잉어도 친정집 옆 깨끗한 연못(현실에는 존재하지 않는)에서 물고기 특유의 뻐끔뻐끔하는 입모양으로 고맙다고 인사를 해주는 꿈도 꾸었지요. 남편 수술을 해 주셨던 교수님께서 병원을 증축하는 꿈을 꾸었는데 우리 때문에 큰 진료실을 배정 받았다고 검사해 줄 테니 소변을 받아오라고 했어요.

그런데 내용물이 소변이 아니라 고름덩어리였고 양도 종이컵 두 컵 정도의 양이었어요. 이 꿈을 꿀 무렵 남편은 두 달에 한 번씩 복부와 흉부 CT검사를 했는데, 담당 교수님께서 복부에 뭔가가 보인다면서 걱정 어린 말씀을 해주셨어요. 걱정되어 큰스님께 여쭈었더니 '음력 7월이 지나면 괜찮아~'라고 하셨는데 꿈 내용이 나쁜 것이 아니라 좋은 것이었어요.

고름덩어리가 빠져나간다는 것은 좋은 꿈이라고 하셨거든요. 신기하고 놀랍고 부처님, 불보살님께서 분명 기도를 들어주시고 계시구나 하는 생각에 더욱 기도를 열심히 하게 되었습니다. 남편과 저의 합심기도는 헛되지 않았고, 간절하게 우리 큰스님의 명언 '도.구.살.이'를 외치면서 기도하는 시간들이 큰 보상을 받는 순간들이었어요.

항암치료 중 취득한 중장비 자격증으로 다시 정규직

남편은 항암치료 중에도 중장비 자격증 취득에 도전하여 몇 번을 떨어지고 하면서 5전 6기 끝에 합격하는 기쁨을 안겨주었지요. 드디어 12월에 끝날 것 같지 않았던 항암치료가 끝이 났고, 담당 교수님께서 앞으로는 6개월에 한 번 정기검진만 하면 된다고 수고하셨다는 말씀을 해주시는데 눈물이 하염없이 흘러내렸어요.

남편한테 견뎌줘서 고맙고, 옆에 있어줘서 고맙고, 건강을 회복해줘서 고맙고, 감사하다고 인사를 하는데 논산 본찰의 부처님, 불보살님, 큰스님이 떠오르면서 한참 동안 울었답니다. 남편의 회복속도는 빠르게 좋아지면서 체중도 7kg가량 늘어났고, 체력도 단련하고 경제활동도 하려고 발품도 파는 등 많은 노력을 하던 중 기쁜 소식을 듣게 되었어요.

스님 !! 남편은 그때 취득한 자격증으로 3월 1일부터 건강한 모습으로 정규직에 취업하여 오늘까지 3일째 출근하고 있습니다. 모든 것들이 스님께서 옆에 계셨기에 가능했고, 지금의 행복한 순간이 있는 것 같습니다. 정말 감사드립니다.

남편의 아픔을 겪으면서 느꼈는데 부처님, 불보살님 전에 하는 공양의 공덕은 분명 그 이상을 베풀어 주신다는 것을 새삼 느꼈어요. 약사불공과 천도재, 자라와 잉어방생, 설법전 시멘트 공양, 각종 기도 동참이 남편의 수명을 연장해주었고 말로는 표현할 수 없는 소원들을 이루어주셨는데, 큰스님, 어떻게 감사의 말씀을 드려야 하는지요.

분명 남편의 운명은 2016년에 위험해서 큰일을 치를 운이었는데 이렇게 건강한 모습을 되찾아주셨으니 정말정말 감사합니다. 1년을 남편과 기도하면서 내일 같이 함께 걱정해주고 위로의 말을 건네주신 우리 안심정사 모든 법우님들께도 감사의 인사 올립니다.

정말 큰 힘이 되었고, 덕분에 버틸 수 있는 힘이 되었어요. 무더운 여름에 남편을 본 순간, 자기 기도는 안 되고 자꾸만 남편이 떠올라 우리 기도를 21일간 지극정성으로 해준 혜진아우 법우님! 정말 감사합니다. 또한 좋은 인연으로 남편을 지극정성

치료해주신 교수님들께도 감사드립니다.

그동안 기도의 가피를 글로 표현하려니 마음먹은 대로 잘 안 되고, 내용이 두서없이 너무 긴 것만 같네요. 마음만은 잘 표현하고 싶었어요.ㅠㅠ. 앞으로 우리 부부는 받는 기쁨보다 나누는 '행복공덕포인트'를 많이 쌓고 부처님과 불보살님의 일꾼으로 더욱 겸손하게 살아가는 불자가 되도록 노력하겠습니다.

2019.1.12. / 1790

인시기도로
악연의 고통을 끊고

제가 느낀 불보살님 손길을 그대로 법우님들과 공유하고 싶어 글 올립니다. 17년 전 제주도 가족여행 중에 급브레이크를 밟는 교통사고로, 졸다가 목이 앞·뒤로 완전히 꺾였던 적이 있었습니다. 당시 뒷목 받침이 없는 승용차 좌석이기에 후유증이 더 심했지요.

목의 물렁뼈가 삐져나와 신경을 눌러서 손도 못대게 아픈 고통이었습니다. 누워 있다가 일어날 때는 스스로 목을 들 수도 없었고, 한 손으로 머리를 받쳐 들고서 겨우 일어나야 했습니다. 시간이 지나며 왼손까지 마비가 왔습니다.

아마 제가 살면서 가장 아픈 고통의 시간이었을 겁니다. 특히 누워서 고개 돌려 TV보는 게 큰 고통인데다, 목 아래로 마비가 올까봐 우울증도 극에 달해 매일 캔맥주 두세 개를 마시며 견뎠습니다. 신랑이 알콜에 중독된다고 걱정을 할 정도였지요.

게다가 어느 날 병원에서 물리치료사가 치료한 후에는 며칠간 머리를 아예 들지 못하는 후유증까지 생겼습니다. 따로 마사지도 1년 정도 했으나 차도가 없고 갈수록 고통이 심해졌지요. 술도 줄이고 나름대로 할 수 있는 방도는 다 해보았습니다. 그러다가 동생의 권유로 안심정사를 찾은 지 2년 반 되었습니다. 2년 정도는 새벽 4시 20분에 일어났고, 6개월 정도는 낮에 지장경 독경을 3, 4독했지요. 어마어마한 가피를 받은 느낌이 들었습니다.

새벽 인시기도를 해야 하는데 잠이 문제였지요. 그래서 2019년 1월 1일부터 작정을 하고 2시간을 2독씩 하고 낮에 2~4독 합해 4독에서 6독을 했습니다.

토요 철야기도 때 지장정근을 하는데 우물에서 새끼 뱀이 양쪽으로 엄청나게 나가는 것을 보고 신기했지요. 또 며칠 뒤 인시기도가 끝나고 한 30분 졸았는데 제가 지장경 옆에 서서 핏덩이를 4개나 토했습니다. 순간 제 옆에 무언가가 있는 느낌이 들어서 무서워 눈을 떴지요.

신랑이 아들 방에서 나와 옆에 누운 줄 알고 옆자리를 보니 비었더라구요.

불보살님이 잠시 오셨구나 했지요. 다음날 인시기도를 하는데 아픈 어깨에 전기가 온 듯 엄청 시원하고 개운했습니다. 그때는 그런가보다 했는데 다음 날도 목뼈 안쪽을 레이저로 치료하듯이 자극을 주더라고요. 어깨를 만져보니 마취된 듯 감각이 거의 없었습니다. 전날도 감각이 없었거든요. 숨이 안 쉬어질 정도로 2시간 정도 고통이 지난 후. 다음 날 목이 넘어가고 허리까지 나아서 신기하다고 생각했습니다.

문득 기도하다가 떠오르는 업이 생각났습니다. 제가 어릴 때 닭 잡는다고 목을 비틀었는데 놀란 닭이 도망친 적 있었지요. 그 업으로 목이 아프지 않았나 싶어 바로 참회했습니다. 법안 큰스님께서 왜 인시기도를 강조하시는지 2년 반이 지난 지금에야 알았습니다.

정말 소원성취하고 싶으면 꼭 인시기도 하십시오. 긴 글 읽어주셔서 감사합니다. 불보살님, 법안 큰스님 감사합니다.

2017.10.06. / 1317

지장보살 염불과 어머님

지난주 화요일 시어머님께서 새벽에 화장실 가는 길에 넘어지셔 허리뼈를 심하게 다쳤나 봅니다.

119구급대 도움으로 병원응급실에서 기본검사를 하고 병실에 입원했지요. 저는 집에서 몇 가지 반찬을 만들어 아침과 점심을 챙겨드렸고 어머님 역시 잘 드셨습니다. 평소에 소식을 하고 음식 조절을 철저히 하시는 분이 입원 삼일 째부터 식탐을 내기 시작했습니다.

어제는 막내딸이 사온 케이크 조각을 드시겠다면서 입에 대시는 것이었습니다. 저와 남편은 어머님이 평소와 다른 것을 느껬고 혹시~~치매증세가 아닐까 하는 불안감이 스쳤습니다. 식탐을 시작으로 어머님은 헛소리를 하기 시작했고 허리 다친 줄도 모르고 병실을 돌아다니며 욕하고 심지어 핸드폰을 창밖으로 집어 던졌습니다.

그렇게 며칠을 이상행동과 욕설을 퍼붓고 가족과 주변 사람들을 피곤하게 하고는 폐렴이 심해서 결국 집중치료차 중환자실로 가게 되었습니다. 병원에서는 어머님의 이상행동이 '섬망'이라는 증상이라고 했습니다. 간혹 치매환자와 같은 반응을 보이는 이런 분들이 있다 하네요. 중환자실에서는 어머님이 난폭하게 굴거나 하면 억제대를 착용한다고 동의서를 작성하라고 했습니다.

간호사를 발로 차고 갖은 욕설을 퍼부어서 결국 사지가 묶이는 사태가 발생했습니다. 너무나 불쌍하고 가엾어서 어머님 손을 꼭 붙잡고 광명진언을 염했더니 정신없이 말을 하시다 진언 소리가 들리셨는지… "신들렸나? 이놈아!" 하시면서 "나를 장례 치른다고~~?" 하셨습니다. 어머님은 성당을 35년 정도 다니셨고 불교에 대해선 아무것도 모르시는 분입니다.

중환자실은 보호자가 같이 있을 수 없는 곳이기에 더 이상 곁에 있을 수가 없어서 병실을 나왔지만, 밤새 저렇게 소리치면

산소수치도 계속 떨어지고 생명이 위험할 수밖에 없어서 크게 걱정이 되었습니다. 집으로 돌아온 저는 사지가 묶여 소리치시는 어머님을 그대로 남겨둘 수가 없어서 남편과 함께 다시 병원으로 향했습니다.

다짜고짜 간호사한테, 우리 어머님 풀어달라고 어서 풀어주면 내가 밤새도록 어머님 곁에 있을 테니까 빨리 풀어달라고 생떼를 썼습니다. 저의 황당한 말을 들어줄 리가 없지요. 밖에서 밤새 기다릴 테니 어머님이 난리치시면 바로 불러달라고 부탁하고 남편과 시누이가 집에 들어가자는 권유를 뿌리쳤습니다. 시누이는 돌아가고 남편은 나의 고집을 꺾지 못하고 같이 병원에 남아 중환자실 소파에 누워 잠을 청했습니다.

간절한 염원이 통했다

지장보살 염불을 계속했고 중환자실서 어머님의 거친 소리침이 들릴 때마다 "지장보살님 어머님을 살려주세요"라고 간절히 지장보살을 염했습니다. 아침이 밝아오자 어머님은 진정제를 맞고 주무신다고 했지요. 저도 집에서 잠시 눈을 붙이고 12시 면회 때 평소에 좋아하시던 호박죽을 쑤어서 갔더니, 억제대도 풀렸고 제정신으로 돌아와 "에미야, 나 허리 아프다~"하셨습니다.

 어머님 잘 이겨내셨습니다. 잘 버티어 주셔서 감사합니다 하면서 어머님 손을 꼭 잡고 기쁨의 눈물을 흘렸지요. 그동안 당신이 허리 아픈 줄도 모르고 난리를 치시더니 이제 허리 아픈 걸 아셨습니다. 얼마나 불쌍하고 가엾으신지 지금도 그때 생각만하면 눈물이 납니다. 어머님은 제가 절에 다니는지도 모르고 가족 모두가 성당에 다녔으면 하는 바람이 크십니다.

 입원할 때는 온전한 정신이었는데, 이해할 수 없는 것은 오랜 세월 성당 다니신 분이 위험에 처했을 때 기도를 안 하신다는 게 너무나 황당했습니다. 그래서 어머님 집에 들러 성당 기도서와 묵주를 챙겨 어머님 손에 꼭 쥐어주면서 기도하시라고 했는데, 안 하셨습니다. 불자들과는 많이 다른 모습이었지요.

 어머님을 악에서 구하고자하는 일념으로 간절히 기도하고, 아직은 온전하지 못한 내 몸 챙기기보다는 죽어가는 어머님을 위해 살려달라고 간절히 지장보살님을 염했더니 기적처럼 온전한 정신으로 돌아오시어 지금은 얌전히 치료받으시며 많이 좋아지고 있습니다. 지장보살님 구해주셔서 감사합니다. 법안 큰스님 이렇게 행할 수 있도록 알려주셔서 감사합니다.

2018.03.14. / 14:30

양 손목과 두 발목에
럭키체인 두 개씩

정신없이 하루가 지나갑니다.
추운 겨울이 가고 예쁜 꽃들이 피는 봄이 오려나 봅니다.
이런 이야기 하면 안 되는 것 아닐까!
왠지 억지로 살려놓은 촛불 꺼뜨리면 어떡하나
조심스럽거든요.

하루에도 몇 번씩 통증이 온다던 우리 어머니 뱃속이 요즘엔 가끔씩 오고, 어느 날은 그냥 지나간다네요. 믿어지지 않지요? 저도 알 수 없는 불가사의한 일이 생긴 것 같아요. 어머니께서는 자리에서 일어나 아파트 경로당에 출근하시고 돌아오셔서 집안청소도 하고, 저녁밥도 하신답니다.

1월에 장례식장 알아보고 했는데 생각할수록 웃음만 나온답니다.

그런데 이상한 일이 또 있답니다.

2월 첫째 수요일 부산 장어 방생하는 날, 거실에 꽃이 만발하는 꿈을 꾸셨대요. 2월 자라방생 때는 생일잔치 준비하는 꿈. 3월엔 개가 거실에 똥을 싸는 꿈. 얼마 전 방생 때도 꿈을 꾸셨지요. 저는 시간이 없어 가지 못해도 방생은 무조건 참여하기로 마음먹었거든요.

방생하는 날을 알려드리지도 않았는데 어김없이 아침 6시 출근하는 나에게 꿈 이야기를 하신답니다. 저는 착하게 살려고 노력하며 시간 나는 대로 지장경 기도도 열심히 합니다. 20년 이상 나눔에 작은 씨앗이 되자고 지역에 반찬 봉사도 열심히 하며, 법안 스님 법문도 열심히 듣습니다. 본방송과 재방송까지 보고 또 듣고….

법안 스님을 BTN방송에서 처음 뵈었지요. 힘들 때마다 더 열심히 기도하면 좋은 인연을 만나고, 좋은 일이 생긴답니다. 까페에 들어 왔다가 목동 법사님께 전화를 했더니, 양천구 자원봉사센터에서 함께 봉사하는 분인 거예요.

선생님 덕분에 서울법당 오고, 거룩한 법안 스님 뵙고 우리 어머니 담낭암으로 고생하시는데 축원해 주셨으니 너무나 감사드립니다.

우리 어머니는 저를 진짜 믿어주세요. 방생하면 어머니 명이 늘어난다고 말씀드렸더니 열심히 기도하시고, 재수불공도 열심히 기도하세요.

믿음은 누워 계시던 우리 어머니를 일어나게 만들었습니다. 겨우 한 수저 드시던 식사를 반공기도 더 드십니다. 럭키 체인을 양 손목에 두개씩 하시고, 두 발목에도 두개씩 하시고 108 염주를 만들어 수시로 배위에 올려놓고 지장보살 정근을 하신답니다.

부처님 감사 합니다
지장보살님 감사합니다.
법안 스님 감사합니다.
오늘은 미용실에 파마하시러 오셨다네요.
어머니 정말 감사합니다.

2017.09.11. / 1307

큰스님 친견
다음날

저는 부처님 가피를 많이 받은 불자입니다.

전교 1, 2등을 하던 아이가 2013년도에 갑자기 우울증이 왔습니다. 이후 공부도 못하고 학교생활도 제대로 하지 못하기에 좋다는 병원은 다 찾아다니면서 수시로 입원하며 겨우 졸업하게 되었지요. 입원비는 감당 못하게 많이 나오고 아이가 힘들어 하는 모습은 차마 볼 수 없을 정도였습니다. 자식의 아픔을 보고 있는 부모 마음은 천 갈래 만 갈래 찢어지는 느낌이지요. 대신 아파줄 수만 있으면 아파주고 싶은 마음이었습니다.

2016년 병원을 옮겨 입원시켰는데 마침 병원에 법당이 있어서, 시간만 나면 부처님 앞에 가서 삼배도 하고 법당 입구에 비치된 불교서적을 눈여겨 보고 다녔습니다. 그런데 어느 날 [운명을 바꾼 사람들] 이라는 책이 눈에 띄었지요. 병실에 가져와서 한분 한분의 글을 읽어 보며 그분들의 성공사례가 정말일까 하고 의아해했습니다.

바로 종무소에 전화를 해서 우리 아이가 아픈데 스님을 만나고 싶다고 하였으나 한 달은 기다려야 한다며 먼저 지장경을 읽으라고 하셨습니다. 급한 마음에 빨리 뵙고 싶다고 하니, 스님을 만나도 지장경을 읽으라 하실 것이니 기다리는 동안 읽으라고 했지요. 한 달이 지나 스님을 친견하자, 대뜸하시는 말씀이 16살부터 22살까지 천망살이 껴있다면서 머리로 오는 병이라고 하셨습니다. 집에 와서 아이에게 물어보니 그때부터 우울감이 들기 시작했다는 말을 했지요.

스님 친견 다음날 새벽부터 기도를 시작하였습니다. 아이가 좋아지기만 하면 무슨 일이든 못하겠냐 하는 마음으로 기도를 계속했지요. 다행히 지금은 많이 좋아져서 얼굴 표정도 좋아지고 농담도 잘하면서 하루하루를 지내고 있습니다. 그 당시 저는 법적인 문제도 있어서 해결되지 않으면 많은 금액을 물어 내야 하는 상황이었으나 십대 소원표에 적어서 잘 해결되었고, 그만

두었던 직장도 다시 복직하게 해달라고 년 월까지 정해서 소원표에 썼습니다.

　부처님은 항상 좋은 시기에 좋은 것을 주신다는 스님 법문 내용처럼… 제가 일을 할 수 있는 시기에 일을 주시더라고요. 또 임금도 제가 목표금액을 적었더니 그 이상을 받게 해 주시는 것이었습니다. '정말 부처님 법은 불가사의하다'라고 깨달았습니다. 저는 천 일 기도를 목표로 하고 있습니다. 하루하루 부처님 생각하며 법안 스님 생각하며 감사 감사하다는 말씀을 드리고 싶네요.

　매일 매일 큰스님 법문 듣는 재미로 핸드폰에 앱을 깔아놓고 집안일이나 여행을 갈 때도 항상 이어폰을 끼고 삽니다. 법문 듣다 보면 시간 가는 줄 모르고 힘든 일도 어느새 마무리 되지요. 요즘은 주위 분들에게 기도법을 많이 권합니다. 지장경도 사다가 필요한 분께 나눠주고 해보라고 권하지요. 벌써 가피를 입으시곤 감사하다고 밥도 사주시고 하네요.

　조금 더 일찍 법안 스님을 뵈었다면 저희 아이가 이렇게 힘들진 않았을 텐데 하는 아쉬움도 있지만 지금이라도 스님을 뵙게 된 게 행운이라고 생각합니다.

스님 말씀처럼 "정말 잘돼, 할 수 있어" 한번 해보세요. 저도 처음엔 의심으로 가득 찼으나 지금은 부처님과 법안 스님께 감사합니다란 말이 매일 저절로 나온답니다.

2018.10.09. / 1680

법안 큰스님 기도축원

어제 둘째 아들 수술이 무사히 잘되어 불보살님과 법안 큰스님께 진심으로 감사드립니다. 아직 내일 초음파도 해보고 경과를 봐야하지만 저에게는 너무나 큰 숙제였기에 감사한 마음 미리 올리고자 합니다.

작년 7월 신장이식 수술 후 밥 잘 먹고 학교생활할 수 있으리라 했는데 생각지도 않은 30분이면 된다는 간단한 수술이 잘못되어 무려 5번을 수술실에 들어갔습니다. 그동안 마음고생하며 힘들 때마다 스님께서 "걱정 말고 기도하라. 무조건 잘된다는 생각으로 기도하라"고 하시며 긴 시간을 견딜 수 있도록 용기를 주시고, 수술할 때마다 축원해주셨습니다.

올해 8월에 병원을 서울로 옮겨 다시 스텐트를 빼보자고 수술에 들어갔지요. 빼는 데 한 시간도 안 걸리는데 교수님이 부르시더니 다시 개복을 해야 한다고 스텐트 뺄 상황이 아니라고 하여 무려 5시간을 기다렸습니다. 지장보살, 관세음보살을 부르며 12시에 들어간 아이가 6시에 무통주사를 달고 나왔지요. 이식할 때도 5시간 걸렸는데 정말 힘들어 눈물도 나오지 않았습니다.

다행히 조금씩 회복해서 벌써 한 달이 되어 스텐트 빼는 날이 다가와 어제 수술했습니다. 한 달 사이 면역력 저하에 요로감염으로 다시 응급실에 입원하고, 어제도 미열이 나는데도 수술해서 또 못 빼고 교체하면 어쩌나 가슴 졸였으나 다행히 뺐습니다. 소변도 잘 봐서 정말 고마운 마음 이루 말할 수 없습니다.

글로 쓰자면 몇 장을 써도 다 못쓸 거 같은데 이렇게나마 글을 올리고 법안 스님께 진심으로 감사드립니다. 병원에서도 3시에 알람 설정해놓고 지장경 읽고 아침까지 계속 기도만 했습니다. 이번에는 이상하게도 화엄경약찬게가 입에서 계속 떠나지 않고 나왔습니다. 아마 화엄신장님이 많이 보살펴주셨나 봅니다.

아직도 갈 길이 멀지만 불보살님께서 보살펴 주실 거라 믿고 계속 기도를 더 열심히 해야겠다는 생각이 듭니다. 혹시나 긴 시간 기도하며 소원성취가 더뎌 지치신 법우님들 보시면 이번이 마지막이라는 생각으로 밥 먹고 잠잘 때 빼고는 기도만 몰아쳐서 해보시길 바랍니다.

2018.05.18. / 1492

부처님 손바닥 안

오랜만에 카페에 글 올립니다.

2017년 2월부터 안심정사와 인연되어 대구법당 생기기 전에는 부산 달맞이 절을 반차 휴가 쓰고 200킬로를 더 달려 큰스님 법문 들으러 다녔었습니다. 2월부터 꾸준히 지장경 독경으로 많은 가피 입었고 지금은 조금 살만해졌습니다.

1년 꾸준히 기도를 하고 나니, 저 스스로 뭔가 해낸 것 같고 뭐라도 된 것 같은 맘이 들더니 살짝 게으름이 피우고 싶어졌습니다. 스님 말씀대로, 코 밑에 물이 차니 열심히 기도했다가 이제는 물이 명치쯤으로 내려가니 자꾸만 게으름이 밀려오더라구요.

그러던 차에 친정아버지가 백혈병으로 판명을 받아 치료 중에 있습니다. 지난 3월 중순경 쯤 아버지가 심각하게 편찮으신 것을 처음 알았고 이리저리 알아보니 당시 아버지의 증상 정도로 만약 폐암이라면 한 달도 못 사실 상황이었거든요. 긴 병에 효자 없다고, 직장생활과 가정생활을 하면서 동시에 부모님 병수발까지 해야 하니 너무 힘이 들었습니다.

다니는 직장 근처 대학병원에 입원해 계셔서 아침 점심 저녁 들락거리며 환자와 간병하는 엄마까지 챙겨야했지요. 병명이 안 나온 상태로 검사만 계속하는 날이 이어지다 보니까 심리적 부담감은 커지기만 했습니다. 1년 정도 기도하니 게으름이 생기고, 스님 법문에서처럼 일향전념 하지 못하고 굳은 땅에 계속 물을 부어야 하는데 땅만 살짝 아주 살짝 굳혀놓고 아버지 병구완을 핑계로 기도를 소홀히 했던 탓인가 싶어 스스로 반성도 했습니다.

이런 저런 상황에 딸아이 문제도 있었는데, 예전에 스님께서 내 아이가 힘들면 내 아이 주변에 있는 모든 학생들을 위해 공양을 올려주라는 말씀이 생각났습니다. 그래서 과자를 공양 올리면서 제 아이의 반 학생들 전체를 위해 공양을 올렸지요. 공양 올린 것이 목요일이었고 그 담날인 금요일 학교 갔다 온 딸로부터 신나는 목소리로 전화가 왔습니다.

"엄마, 나 단짝 친구가 생겼어."
공양 올린 바로 다음날에 바로 답을 주셨어요.
아이에게 전화를 받고 정말 신기하다는 생각밖에 안 들었습니다.

아버지를 위해서 쌀공양과 과자공양을 약사여래불상에 올리고 난 뒤 아버지께서 꿈을 꾸셨는데 아버지가 차를 몰고 어떤 절로 가시더랍니다. 한참을 가다 널찍하니 좋은 장소에 차를 세우고 주변을 둘러보니 경관이 아주 좋은 절에 도착하셨고 불보살님 상을 보셨는데 기분이 엄청 좋으셨다 하시네요.

그 꿈을 꾸고 난 뒷날, 병원에서 폐암은 아니고 폐렴이 심한 것으로 만성 백혈병이란 판명을 받으셨어요. 백혈병도 쉬운 병은 아닙니다만, 불치병이 아닌 난치병이라니 부처님 믿고 다시 기도 정진하면 꼭 완치되리라 믿어 의심치 않습니다. 병원 계실 때 아버지는 제가 드린 럭키체인을 착용하시고 작은 지장경책을 환자복 주머니에 넣으시고 다니시더라구요.

부처님! 두어 달 기도 게으름 핀 거 죄송합니다. 반성하겠습니다.

그리고 부처님 손바닥 안에서 까부는 이 중생을 끝까지 바른 길로 가게 도와주셔서 감사합니다. 다시 지장경 기도를 시작하면서 처음 안심정사를 알게 되었을 때처럼 신심이 생깁니다.

매주 스님 법문 시간에 법당에 못 들러도 시간 날 때마다 대구 법당에 들러 꼭 부처님께 감사기도 올리고 있습니다. 앞으로도 더 자주 부처님께 얼굴 도장 "꽝" 찍으러 가겠습니다. 그리고 대구 법당 개원하면서 불보살님 전에 꽃 공양은 꾸준히 하겠다고 원을 세운지 1년이 다 되어가고 실천하고 있는데 그 덕분에 요즘 제 주변에 꽃향기처럼 좋은 사람, 정 냄새 나는 진정성 있는 사람들이 많이 모인답니다.

모두 부처임의 가피이고 지장보살님의 보살핌이고 법안 큰스님의 가르침이라 생각합니다.

부처님 손바닥 안 불량 불제자 올림.

2018.06.25. / 1547

약사불공 산신집중기도 가피

제2차 산신집중기도 올리는 기간에 안심정사에서 큰스님과 약사불공도 같이 올렸습니다.

그런데 약사불공 드리고 산신집중기도 끝내자 집안에 이모부가 쓰러지시더니 친정아버지는 곧 돌아가시게 생겼고 집안에 우환이 여기저기서 들려오는 겁니다. 저도 산신집중기도 후에 등짝 옆으로 자꾸 담이 들려서 잦은 치료를 하면서 보내곤 했습니다.

며칠 후엔 친정엄마가 전화로 "잘못하면 아버지가 오늘내일 못 넘길 것 같다"고 했습니다. 새벽에 지장경기도를 하고 지장보살님께 매달렸지요. "지금 아버지 돌아가시면 저는 불효를 합니다. 딸 노릇도 제대로 못했는데 좀 더 시간을 주세요~ 지장보살님 친정아버지가 제가 잘되는 거 보고 돌아가시게 해 주세요"

갑자기 지장보살님께서 지혜를 주셨는지 지장보살조성불사가 딱 떠오르는 거예요. 저는 친정조상님들도 지장보살조성불사 모셔드렸기에 엄마 아버지 조성불사는 엄마 아버지가 모셔줘야 복을 받겠다는 생각이 들더라구요. 그래서 엄마한테 전화해서 지장보살조성불사를 권했더니 하신다기에 제가 대납하고 약사여래불전에 기도공양을 올렸지요. 기도공양 올린 날부터 좋아지셨다 하네요.

그 다음날 친정에 가서 점심 먹으면서 "아버지! 90까지는 사시면서 좋은 일 생기는 거 다 보고 돌아가셔야죠" 그랬죠. 아버지 말씀이 이 동네 재개발하면 5억 정도 나오는데 큰딸인 저에게 제일 먼저 1억을 주시겠다는 거예요.~ 그래서 "아버지 3년은 너무 길어요. 줄려면 지금 주세요"~ 했답니다. 저 너무 속 보이죠~~ㅎㅎ. 아버지! 지금 여기저기 막을 게 많아요. 지금 주면 안될까요?~~"

어찌됐든 우리 친정아버지 속셈이 저 일억 먼저 주시고 싶으시다는 그 마음 자체가 약사불공 산신집중기도 가피가 아닌가 합니다. 저 혼자 생각으로, 아~~부처님 공짜가 없으시다더니 정말 부처님 가피가 대단하시네 하면서 속으로 미소를 지었지요.

아버지께서는 정신 차리시고 어지러우시면 동네병원 내과 가셔서 영양제 주사 꼭 맞으셔야 된다고 신신당부하고 집에 왔답니다. 제가 카페에다 돈 얘기는 아직 못 올렸는데 아직 돈이 제 손에 들어오지 않았지만 아마도 산신집중기도 몇 번 더하면 소원성취 대박 나겠지요.

저 혼자서 약사불공 산신기도 끝내고 우환소식만 들려 우울했지만 친정아버지 말씀이 일억 먼저 주신다 하니 큰 가피 받았지요^^ 지금 기도중이니 더 좋은 소식이 들려오겠지요.^^ 그때그때는 잘 모르지만 오늘 생각해보면 주~욱 가피가 이어지고 있답니다. 우리 생활 속에서~~. 토요일 논산 본찰에서 기도 회향하고 오니 마음이 뿌듯하고 몸이 날아갈듯 행복하고 기쁩니다.

꿈에 법안 스님께서 차에 타고 저를 운전해주셔서 험한 울퉁

불퉁한 길을 헤쳐 나오는 꿈도 부처님 가피를 주시는 꿈이었습니다. 헤쳐 나왔으니 좋은 평탄한 길만 나오려나 봅니다. 부처님의 위신력과 가피력으로 행복시작 성공시작 '정말 잘돼'로 발돋움 합니다.

금방 눈앞에서 안 이루어진다고 하지 마시고 한 개씩. 한 계단씩 오르다 보면 어느새 목표지점이 눈앞에 와 있답니다. 너무 서두르지 마시고 오로지 꾸준히 가랑비에 옷 젖듯 부처님이 우리에게 행운과 가피를 주십니다.

제3차 산신집중기도날을 기다리며 오늘도 체력을 길러놓고 산신기도 날을 기다립니다.

2018.02.23. / 1416

내가 있잖아,
빨리 끝내자!

암으로 판정된 날.

2017년 12월 26일. 순간 심장이 멎고 나의 세상이 사라지는 것 같았습니다.

왜? 나에게, 하필이면 나에게 이런 무서운 일이 생긴 걸까?

평소 불안정한 삶에 회의를 느끼며 술을 거의 매일 마시다시피하여 피곤에 찌들린 생활의 연속이었지요. 그래도 늘 지장기도를 올린 터라 지장보살님이 이제 술 먹지 말고 앞으로 더 무서운 병 생기지 않게 이 정도로 선처해 주신 건가? 라는 생각이 들었습니다. 새해 들어 1월 15일로 수술 날짜를 받고 정신도 없이 수많은 검사를 했는데, 그중 심전도검사에서 브레이크가 걸린 데다 재검사 결과도 좋지 않아 심장전문의에게 불려갔지요.

혹시 수술 못하는 건가 너무 마음이 답답했습니다. 두 번이나 혈압을 재는 동안 지장보살님을 애타게 불렀지요. 수술 전 재수불공법회에서 법안 스님을 뵙고 잠시 말씀을 드리니 "내가 있잖아, 빨리 끝내자!"는 말씀을 주셨는데, 저에겐 부처님의 목소리로 들렸습니다. 지옥을 헤매는 심정에 위안과 힘이 생겼지만, 시간이 지날수록 또 반신반의하며 믿음이 약해져가고 어둠과 절망이 삼켜 버릴 것만 같았지요. 다시 마음을 다잡으며 지장기도에 매달렸습니다.

드디어 수술 날. 두 번째 기적이 일어납니다. 평소 열 체질이라 체온이 높다는 이유로 오전 7시 반에 들어가야 할 수술을 오후 12시 반이 되도록 못 들어간 채 계속 열을 재고 기다렸지요. "열이 안 내리면 오늘 수술을 못 할 수도 있습니다"란 말만 남기고 의사는 사라졌으니 하늘이 무너져 내리는 것 같아, 지장경을 꺼내 3품을 막 끝내고 나니 수술 호출이 왔습니다.

의사가 못 할 수도 있다고 단호하게 말하고 갔는데… 이것은 분명 불보살님들의 가피라고 생각되어 반신반의했던 어리석은 믿음이 강철같이 단단해졌지요. 그동안 불량신자인 저를 용서해 주소서, 참회 또 참회하며 다시금 지장보살님의 기적에 감동하였습니다. 수술해보니 암 덩어리가 2.2cm 2기 초기로 보통은 무조건 항암치료를 해야 하는 수준이라 했지요.

다시 세 번째 기적이 일어납니다. 2018년 2월 7일. 의사선생님이 미국에 의뢰한 조직검사 결과가 나왔는데 그 무서운 항암치료를 안 해도 된다는 기적적인 말이었어요. 순간 법안 스님이 말씀하셨던 "빨리 끝내자!"란 소리가 쩌렁쩌렁하게 들렸습니다. 보통사람이면 2년 정도 항암으로 고생고생해도 힘든데 한 달 반도 안되어 무시무시한 항암치료란 두려운 그림자를 거둬가셨으니… 어떤 말로도 감사의 뜻을 형언할 수 없어 그저 감사의 뜨거운 눈물만 흐릅니다.

이제 이 어리석고 무지한 여인은 지난 과거를 엎드려 백배사죄 드리오며 새로운 삶에 감사하며 선행과 보시로 부처님법을 열심히 수행하며 기도 정진할 것을 맹세합니다.

－선덕인 올림

2018.08.03. / 1599

남편 지장보살님께 감사

20여 년 전부터 시작된 술과의 전쟁이었습니다.

남편의 술을 끊게 해보려고 점집을 찾아다니기도 하고, 절에 가서 천도재도 수없이 했지만 그때뿐이었습니다. 절에 와 지내보면 괜찮을 거라고 해서 모 사찰에서 3년을 지내다가 와서 몇 개월이 지나니 또 제자리였지요.

얼마 전에 한 비구니스님과의 인연으로 인도해 주시는 대로 따라 제가 할 몫(기도)이 있다는 것을 여실히 깨달았습니다. 사경과 방생, 천도재를 지내면서 조금씩 마음의 안정을 찾았지만 제 마음속의 허전함은 채워주지 못했지요. 그 무렵 2014년에 안심정사에서 구입한 지장경이 생각나 꺼내서 읽고, 법안 스님

생활법문 지장경 CD를 운전할 때마다 들으면서 열심히 기도했습니다.

살길은 지장경기도 밖에 없다 생각하고 7월 5일부터 매일 새벽에 지장경기도하고, 7월 13일 산신집중기도에 동참하고 나름 열심히 기도를 하는데도 남편은 식사도 하지 않고 술만 마셨지요. 술과의 전쟁은 계속되었습니다.

7월 21일 법안 큰스님 법문 중에 어느 신도의 따님이 술을 많이 먹어서 소주박스를 들고 서울 도량에 갔다가 논산 본찰까지 들고 가셔서 기도한 후 술을 끊게 되었다는 말씀을 듣고, '바로 이것이다'라는 생각이 들어 논산 본찰 영가단과 산신님 전에 각 한 박스씩 올린 후 새벽기도 때 간절하게 제 남편 술 끊게 해 달라고 기도했습니다.

며칠 지난 7월 26일 새벽 남편은 갑자기 배를 움켜잡고 데굴데굴 굴러서 응급실까지 다녀오게 됩니다. 그리곤 술을 한 방울도 먹지 않게 되었습니다. 아마 지장보살님께서 술 끊게 하시려고 응급실로 가게 한 것 같아요. 며칠 후엔 술을 안 먹으니 얼굴이 많이 좋아졌다며 이제는 술이 먹고 싶지 않다고 합니다.

하루에 지장경 1독을 하고 육식도 줄이며 점점 변해 가는 제 남편을 바라보노라면 20여 년 계속된 술과의 전쟁은 끝났나 봅니다. 알고 보니 제 남편이 바로 지장보살님입니다. 곁에 계신 지장보살님 잘 시봉하지 못해 이제야 참회합니다.

2018.08.03. / 16:00

불보살님 가피로 얻은 새 삶

오로지 부처님과 보살님의 가피로 불음주 계율을 지킬 수 있게 되었습니다. 특히 음주 문제로 고심하시는 법우님들께 조금이나마 도움이 되셨으면 합니다.

저는 30대 초반에 부처님께 귀의하였습니다. 그전까지는 주말만 되면 술을 마시러 다녔고, 금요일이나 토요일의 과음으로 일요일은 숙취로 잠을 자면서 허송세월 보냈지요. 저녁에 술을 마시면 밤을 새워 먹는 경우가 많았습니다. 20대 초반까지는 부모님과 살면서 소주 1병 반을 넘긴 적이 없었는데, 20대 중반 독립해서 직장을 다니면서 고삐 풀린 못된 망아지처럼 되었지요.

간섭하는 사람이 없기에 밤늦도록 술을 먹는 게 습관이 되었고, 20대 후반에는 주말만 되면 누가 목에 쇠사슬을 채워서 끌고 가는 것처럼 술자리를 찾아 다녔습니다. 20대 중반까지 몸무게가 70kg 정도로 유지될 정도로 운동도 열심히 하는 편이었는데, 30살에 건강검진을 받았을 때 의사선생님께서 검진 결과를 알려 주며 경고했습니다.

"지금 30살인데 몸무게가 90kg에 혈압이 155면 이대로 가면 정말 죽어요. 어서 술도 줄이고 운동해야 돼요."

순간 겁을 먹고 몇 달 운동하면서 몸무게도 줄이려 했지만 습관과 업이 되어버린 음주습관이 없어질 리가 없지요. 다시 술을 마시면서 재물과 시간, 건강을 허비하고 부모님의 걱정거리가 되어버렸습니다. 처음에는 부모님께서 때려도 보고 달래도 보고 화도 내셨지만 제 문제는 그대로였습니다. 그러던 중 부모님께서 제가 30살 때부터 절에 다니며 기도와 수행을 하시면서 그냥 차분히 바라만 봐 주셨지요.

저의 집은 원래 부처님 오신 날에도 절에 가지 않았고, 누가 종교가 뭐냐고 물어보면 불교라고 대답만 하는 그런 집이었지요. 그런데 제가 31살 때부터 매년 설날 집에 가면 부모님이 정초산림기도에 가자고 딱 한마디만 하셨습니다. "거길 도대체 왜 가는데요. 안가요 절대로" 그러면 부모님께서는 더 이상 말씀을 하지 않으셨지요. 그런데 3년 후 설날. 다시 부모님께서 정초산림기도에 가자고 말씀하셨고, 그때 따라나선 게 부처님과 인연이 시작된 것입니다.

지금 생각해 보면 저도 무의식중에 천 길 낭떠러지 앞에서 서성이고 있다는 위기를 느꼈던 거 같습니다. 부모님께서 3년을 지극하게 참회기도 하시면서 불보살님들께 "아들의 문제는 저희 잘못이니 제발 저희 아들 좀 살려주십시오" 라고 지극히 기도를 하셨으니 참 불효자식이 따로 없다고 생각이 듭니다. 정초산림기도 법회에 다녀와서 어머니께 "제가 어떻게 하면 되나요?" 묻자 "참회기도를 하라"고 알려 주셨지요.

그 시점 불교TV를 통해 법안 큰스님 법문 "행복시작 불행 끝, 성공시작 실패 끝" 하시는 것을 보았고, 큰스님 법문으로 희망과 용기를 가질 수 있었습니다. 집에서만 100일 참회기도를 시작했지만 제대로 되지 않았습니다. 일주일 기도 잘하다가 술 먹고 그런 생활을 반복하고 있었죠. 그때 어머니께 다시 여쭤보니 불교대학이 있는 사찰을 찾아서 기도하라고 하셨고 '부처님 오신 날'에 찾아간 사찰과 인연이 되어 절에 다니기 시작했지요. 평일은 집에서, 토요일과 일요일은 절에 가서 사시예불과 기도를 시작하였습니다.

그렇게 100일 참회기도 하면서 두 달간 음주를 하지 않았습니다. 하지만 이 습관은 고치기 힘들어서 두 달이 되었을 때 다시 음주를 했으나, 그 다음날 허벅지가 터질 거 같아서 여기서 포기할 수 없다는 생각으로 기도하여 100일 참회기도를 마칠 수 있었습니다. 그렇게 100일 기도가 끝나니 몸무게는 75kg으로 줄었고 혈압은 130대로 떨어져 있었습니다. "아, 나도 할 수 있구나! 불보살님들께서 정말 도와주신다. 정말 살려주시는구나." 알 수가 있었습니다.

법문을 읽고 일 년에 한 번 있는 3000배 정진 기도도 하며 1년을 보낸 시점에 친하지도 않고 안지 얼마 안 된 친구와 다시 음주를 하였으니 완전 정신이 나간 게 아닐까 싶네요. 그 다음날 점심시간이 지나서 출근해 회사에서 쫓겨날 뻔 했으니… 이 회사도 불보살님의 가피로 입사를 한 회사라서 그날 기겁을 했고, 그렇게 1년이 지나서야 소주라는 술을 완전히 끊어버렸습니다.

그간 음주로 인해 낭비했던 재물을 절에 공양비/ 연등비/ 불사금/ 불교TV 후원/ 만선공덕회 /불경공덕회 등으로 올리면서, 법안 큰스님의 가르침처럼 "포기하지 않으면 된다. 꾸준히 해야 된다"는 말씀을 늘 가슴에 담고 살겠습니다.

2018.06.13. / 15:30

드디어 컴백 홈~

　두 번 생각하기도 싫은 끔찍한 추돌사고를 당하고 3주 만에 완쾌는 아니지만 무사히 귀가했습니다. 빠른 쾌유를 빌며 많은 격려와 위로의 말씀 전해주신 큰스님. 고맙습니다. 법우님들께도 다시 한 번 감사드립니다. 고맙습니다.♡

　입원 기간 중 산신집중기도가 있었으나 참석 못하는 속상함에 마음이 너무 아팠습니다. 살려주심에 얼른 감사공양 올리고, 산신기도 입재 후 감사공양 올리고, 가해자 측과 원만한 합의해주시라고 공양올리고, 치료 잘 받아서 빠른 완쾌 시켜주시라고 감사공양 올리고. 물론 늘 하던 공양이고 기도였지만 특히 이번엔 저의 간절한 마음이 부처님께 통해서였을까요~?

산신집중기도를 실시간으로 방송해주심에 폰으로나마 2박 3일 밤낮으로 새벽 철야기도까지 손에서 폰을 놓지 않고 부처님께, 지장보살님께, 산왕대신님께, 약사여래불님께, 불보살님들께 정말 간절히 매달렸습니다. 토요일 재수불공이 끝나고 집중기도시간 장시간 앉아서 기도는 무리여서, 부처님께는 버르장머리 없다고 꿀밤 주실지 모르지만 누워서 약사여래불 정근에 간절히 매달렸습니다.

이어폰을 꽂은 채 귀로는 가장 큰소리로 듣고 입으로는 최대한 조그만 소리로 약사여래불 정근을 하는데 순간 제 몸이 마치 전기에 감전된 거 같은 강렬한 느낌으로 온몸이 떨렸습니다. 연이어 그러기를 서너 차례~~ 순간 저도 모르게 눈물이 너무 쏟아졌지요. 실컷 울고 잠깐 잠이 들었다가 일욜 새벽 산신집중기도 회향까지 방송으로 참여하고, 또 잠시 잠을 청한 후에 일어났습니다.

그런데 입원 내내 전신이 아파서 잠도 못자고 밤새도록 끙끙대고 앓았지요. 옆에 계신 분들이 밤잠을 설쳤다고 큰 병원에 다시 가서 검사받고 치료해야 한다고 걱정하셨는데… 잠에서 깨어나니 정말 기분이 너무 상쾌하고 몸이 가볍고 컨디션도 너무 좋았습니다.

몸 뒤로는 조금도 돌아가지 않고 위로 올라가지도 않던 팔이 반대쪽 엉덩이 끝까지 돌아가기도 하고, 심지어 만세를 해보아도 거의 머리 위까지 올라가니 얼마나 신기하고 감사하던지. 이 또한 부처님의 보살핌이 가피가 분명 맞는 거지요~?

그 후 며칠 동안 저의 신체리듬 또한 빠르게 회복을 하였고 드디어 오늘 컴백 홈 하였습니다.^^

2018.05.10./ 1480

선암사와 지장경

강남법당 가는 버스 안. 얼굴이 낯설지는 않은 멋진 숙녀분과 마주 보며 서로
"혹시 안심정사 법우님??" "아 ~ 안녕하세요?"
서로 반갑게 인사 나누며 법당으로 가는 길에
"법우님 요즘 왜 글을 안 올리세요?"
"예. 제가 요즘 좀 피곤 하다는 핑계로 게을러지나 봐요. 자꾸 미루게 돼요."

통성명으로, 서로 희성(稀姓)이라고 반가워하며,
카페의 글, 또 댓글들에 대해 이런저런 얘기하며 법당에 올라갔습니다.

곧 글 올리겠다고 약속드린 아름답고 신선한 느낌의
"여 법우님"과의 약속을 오늘 지켜봅니다.

사실, 저는 여러 법우님의 기도 정진이나 가피력에 비하면 엉성하기만 합니다.

여느 법우님처럼 사업이나 직장에 다니는 것도 아닌, 이제는 갈무리를 생각하는 세대라 눈에 보이는 큰 가피라고 얘기 할 수 있는 것은 없으나 예전의 저 자신에 비하면 많은 발전은 있다고 느낍니다. 잊고 있던 참회와 고마움들이 가슴의 전율로 올 때는 진심으로 감사합장하게 됩니다.

선암사로 떠난 '자율형 템플스테이'

4월 초. 내리는 봄비에 갑자기 30여 년 전 다녀온 순천 선암사에 가고 싶은 생각이 간절하여 홈피에 자율형 템플스테이 신청하고 바로 출발을 하였지요.

종무소에서 간단한 안내와 방을 배정 받고 저녁 예불 전 먼저 각 전각에 참배 드리고. 지장경을 읽으려고 둘러보니 한쪽 귀퉁이 몇 권의 책은 '금강경'이었습니다. 고즈넉한 산사에서 손때 묻어 부풀어진 옛날 지장경을 읽어 보자고 달려온 꿈은 실없는 착각이었나 봅니다.

여기가 지장전인데 왜? 라는 생각에 한숨이 났지만, 지장경 책을 안 가져온 내가 잘못이지 생각하며, 각 전각을 유심히 둘러보았습니다. 예전보다 자동차 길과 주차장만 넓어졌을 뿐. 전각들은 많이 퇴락되고 적당히 임시처방으로 때운 곳들이 눈에 띄어 그냥 마음이 아파왔습니다.

템플 스테이 여러 곳을 다녔지만, 방에는 침구류 외엔 조계종과 태고종 모두 약속이나 한 것처럼 불교 서적이나 경책 한권도 없었지요. 앉아서 참선이나 하라는 뜻인지 스마트폰이나 체크 하라는 뜻인지… 안심법당에 쭉 꽂혀 있던 많은 책들이 생각났습니다.

이렇게 좋은 곳에서 뭔가 읽거나 볼 수 있다면 얼마나 행복한 비움이며 채움이며 나눔일까? 새벽예불 올리고, 신었던 고무신 씻어 댓돌 위에 올려놓고 바로 집으로 돌아왔답니다.

집에 와서 생각타가 "그래 내 능력껏 지장전에 지장경전을 올려보자."

친구에게 권하려고 몇 달 전 강남 법당에서 법보시 받은 서너 권의 지장경이 눈에 띄었습니다. 적어도 열 권 정도는 되어야 지장전에 멋지게 자리 잡을 수 있을 텐데. 강남법당에서 지장경과 우바새계경, 불교 교리 몇 권씩 구매하고, 큰스님께서 주신 〈걱정말고 기도하라〉와 안심카페의 무량수여래회에서 법보시 받은 책 등을 선암사에 보내드렸지요.

　종무소 소임을 맡은 법우님께, 지장전에 한두 권만이라도 지장경을 올릴 수 없겠냐고 묻고 곧 소포가 갈 거라는 문자를 넣었더니…
　"책은 스님께 보고 드리고 지장전에 그 책을 올려둘 수 있는지 여쭤봐야 될 것 같습니다"
　"보통은 종무소에서 책을 보관합니다"라는 문자를 받았지요.
　이후 한동안 답이 없기에, 내심 "이 바보가 또 쓸데없이 주책을 떨었나…?" 제가 많은 시행착오를 거쳐, 어렵사리 접한 '안심정사 지장경'은 정말 우리나라 최고 최상의 '한글 번역본' 경전이라는 자부심이 있기에, 보내드린 것만으로 일단 잊기로 하고 몇 주를 보냈습니다. 그런데 바로 어제 저녁때 지장보살님께 지장경전을 올린 사진과 함께 기쁜 소식이 왔습니다.

　법안 큰스님과 지장경을 법보시 해주신 법우님들께 감사의 말씀을 전해 드립니다. 당연히 제가 종무소를 통해서 주지스님께 감사의 말씀을 꼭 좀 전해 달라고 부탁 드렸습니다. 선암사에서도 지장경을 만날 수 있다는 기쁜 소식. 지장보살님께 감사의 절을 올립니다. 선암사 종무소 법우님께서 보내주신 문자입니다.

"오늘 주지스님께 다시 말씀을 드려서 지장전에 책을 가져다 두었어요~
주지스님도 몇 권 읽으시려고 챙겨 가시고,
템플 오신 보살님들도 함께 덕분에 잘 보고 있습니다~ 다시 한 번 감사드립니다"

2014.12.09. / 853

지장경 천 독千讀 그 이후…1년

안심정사 카페 [운명을 바꾼 사람들] 난에 [지장경 천 독을 마치며…](2013.12.5.) 체험기를 올렸던 캄보디아의 망고댁을 기억하시는지요? 그게 2014년 8월 [운명을 바꾼 사람들] 제1권에 실린 적 있습니다. 그 글의 마지막은 다시 지장경 천 독을 목표로 용맹정진 하겠다는 내용이었죠.

"… 저는 또다시 마음을 가다듬고 지장경 천 독을 목표로 힘차게 출발합니다. 이전에 한 천 독은 순전히 부처님과 불보살님의 가피로 이루어진 것이지만, 이제는 제 스스로 더 할 수 있을 만큼 최선을 다해서 기도를 할 것입니다. '끝까지 될 때까지!!!' 무한 질주할 예정입니다.

'아미타불 부처님이 계신 그곳까지…' 쉬지 말고 열심히!"

꼭 1년 만에 다시 만나 뵙습니다. 지장경 천 독 독경하고 너무나 과분한 칭찬받은 '망고댁'입니다. 이젠 부끄러워서 글을 올리지 말아야지 생각했는데, 혹시나 지장경 천 독하고 "잘 먹고 잘살고, 잘 풀리고 살까?"라고 궁금해 하는 분이 계실까 해서 서투른 글을 올려봅니다.

지장경 천 독 독경을 끝낸 후 괴롭고 힘든 마음이 정말 편안해진 건 사실입니다. 현실적인 문제가 바로 해결되지 않았지만 부처님과 불보살님의 가피는 참으로 미묘했답니다. 우리 식구가 모르는 사이에 모든 일들이 하나씩 해결되기 시작했지요. 2014년에는 열심히 일도 하고 돈도 벌고 늘 먹을 것과 입을 것이 떨어지지 않는 한해였답니다.

참 신기한 점은 잃어버렸던 것을 하나씩 부처님과 불보살님이 주신다는 것이지요. 경제적으로 정말 힘들어서 자동차를 팔천 불에 팔고 자전거를 타기도 했으며, 딸내미 오토바이를 타고 다니던 시절도 있었답니다. 자동차를 렌트해서 타다가 드디어 새 차는 아니지만 2주 전에 중고자동차 두 대를 팔천 불에 장만했습니다.

현재 프놈펜에 갔던 아들이 꼭 1년 만에 집으로 귀환해서 저를 도와 6개월째 건물을 올리고 있으며, 내년 초에는 변호사 사무실을 오픈할 예정입니다. 딸아이는 법대에 입학했고, 오빠의 변호사 사무실에서 바로 실무를 배울 예정이랍니다.

저 역시 올해는 재기하는 한해가 되어 건물도 짓고 직장도 열심히 다니고 있습니다. 지장경 독경 이후 무엇보다 행복한 것은 아들의 발작이 사라졌다는 사실입니다. 벼랑 끝에 서있는 아이처럼 늘 불안한 아들이 온전히 저의 품으로 돌아온 것이죠.

뜻하지 않게 벼락처럼 찾아든 시련은 저를 흔들었고, 우리 가족 전체를 뿌리째 흔들었습니다. 아이가 죽을까봐, 우리 식구가 죽을까봐 정말 매일 밤을 눈물로 보냈던 것도 사실입니다.

"정성은 운명을 따르고 성공은 습관을 따르고 만법은 마음을 따른다."

내 기도의 정성이 우리 식구의 운명을 길하게 하고, 나의 검소함과 부지런함이 우리 아이의 성공을 이끌며 우리의 한 호흡 안에 극락 아닌 것이 없었지요. 현재 우리 식구들은 합심기도를 하고 있습니다. 나와 너를 따지지 않고 열심히 성실히 한발자국씩 앞으로 가고 있습니다.

참 저는 이제 지장경 독경 시에 눈물이나 하품이나 꿈을 꾸지 않습니다. 요즘은 편하게 쭈~욱 독경을 합니다. 잡념과 매일 싸우기는 하지만 예전보다 훨씬 집중이 잘되고 있습니다. 그리고 독경과 더불어 염불 · 법문 · 경전해설을 함께 공부하고 있습니다.

확실히 기초가 튼튼해야 모든 공부가 잘되는 듯합니다. 마지막으로 보시도 부족하지만 매일 공양도 하고 있습니다. 부처님 말씀은 항상 삶의 일상 속에 있고 그 지혜를 잘 적용해서 생활해보니 미분의 오차도 없다는 것을 느낍니다.

이제 우리 식구들은 더 열심히 달려 보려합니다. 기적을 일상으로 삼고, 모든 이들에게 희망의 증거가 되려 합니다. 지금 이 순간 "정말 잘돼 할 수 있어!" 힘차게 외쳐봅니다.

"늦어지는 건 있어도 안 되는 건 없다" 남편이 저에게 늘 해준 말이네요.

모두모두 기쁨이 넘치고 행복한 하루하루가 되시길 빕니다.

안심정사 지역도량 안내

충남 논산시 연무읍 안심로203번길 12
충남 논산시 연무읍 안심리 1098
전화 : 041-742-9624 / 010-7422-4557

서울특별시 강남구 논현로8길 12
서울특별시 강남구 개포동 1188 주원빌딩 5층
전화 : 02-577-4557 / 010-6640-4557

부산광역시 해운대구 달맞이길117번 다길 149
부산광역시 해운대구 중동 1485-5
전화 : 051-704-4557 / 010-9421-4557

대구광역시 남구 대명로 220번길
대구광역시 남구 대명동 336-1
전화 : 053-624-4557 / 010-5241-4557

제주특별자치도 제주시 연동7길 41
제주시 연동 273-41
전화 : 064-747-4557 / 010-9476-4557

경상남도 창원시 진해구 조천북로 97번길 가길 28
경상남도 창원시 진해구 경화동2가 산10번지
전화 : 055-547-4557 / 010-8611-4557

다음카페 (**Daum** 카페) http://cafe.daum.net/ansim24

간절한 기도로 행복을 찾아가는
안심정사 법우들의 이야기
운명을 바꾼 사람들 제2권

인쇄 불기 2563년(서기 2019년) 3월 25일
발행 불기 2563년(서기 2019년) 3월 27일

펴낸이 석법안 스님
펴낸곳 도서출판 안심
주소 서울특별시 강남구 논현로 8길 12
대표번호 02-577-4557
이메일 ansim56@naver.com

편집 · 인쇄 아름원 02-2264-3334
편집책임 차도경
표지디자인 정상운
편집 정소연

ⓒ도서출판 안심, 2019

※ 잘못된 책은 교환해 드립니다.

ISBN 979-11-87741-28-2
값 10,000원